Anmerkung des Autors:

Dieses Buch basiert ausschließlich auf persönlichen Erinnerungen an tatsächliche Ereignisse. Alle erwähnten Personen gibt oder gab es wirklich. Um ihre Identität zu schützen, wurden Namen geändert.

Meiner Frau Beate möchte ich an dieser Stelle für ihre Hilfe und Unterstützung sehr danken.

Soweit nicht anders vermerkt, sind die Bibelzitate der Elberfelder Übersetzung 2003, Edition CSV Hückeswagen, entnommen.

1. Auflage 2020

© 2020 by CLV · Christliche Literatur-Verbreitung
Ravensberger Bleiche 6 · 33649 Bielefeld
Internet: www.clv.de

Satz: Anne Caspari, Marienheide
Fotos: WON-ABC
Umschlag: Lucian Binder, Marienheide
Druck und Bindung: GGP Media GmbH, Pößneck

Artikel-Nr. 256411
ISBN 978-3-86699-411-9

VORWORT

Chatten, posten, liken – fast rund um die Uhr hängen wir am Smartphone und checken, ob unsere Fotos bewertet und unsere Storys gesehen wurden. Aber warum machen wir das? Und warum kommen wir kaum davon los?

In uns steckt der tiefe Wunsch nach Bedeutung und Anerkennung. Diese Sehnsucht ist so alt wie die Menschheit selbst. Das zeigt, dass wir auf der Suche nach etwas sind, das größer ist als wir. Ein weiser König der Antike hat es mal etwas philosophischer ausgedrückt: Gott hat die Ewigkeit in unser Herz gelegt.

Als Jugendlicher hatte ich diesen Wunsch auch. Ich war ständig auf der Jagd nach Bedeutung und Anerkennung. Nur war meine Plattform nicht digital, sondern auf Wänden und S-Bahnen. Durch abgefahrene Graffitis und gefährliche Aktionen haben meine Freunde und ich versucht, Aufmerksamkeit zu bekommen – um jeden Preis. Wir waren bereit, bis ans Äußerste zu gehen.

Aber was bringt das alles, wenn man am Ende trotzdem leer bleibt?

Ich lade dich ein auf eine Reise zurück zu meiner Suche nach **FAME** – bis ich irgendwann gemerkt habe, dass ich an der falschen Stelle suchte.

MOOSACH

Die Lauinger Straße in Moosach ist einer der sozialen Brennpunkte in München, ein totaler Drogensumpf. Moosach hat sogar ein eigenes Drogendezernat. Wie sagt man so schön: »Wenn nirgendwo mehr was geht, in der Lauinger geht immer was!«

Eine Migrationsquote von über sechzig Prozent, teilweise ghetto-ähnliche Zustände. Mit dem Zuzug weiterer Ausländer verschärft sich die Lage im Viertel. Die heruntergekommenen Häuserblocks geben die passende Kulisse ab. Die Folgen liegen auf der Hand: Schlägereien, Randale und Einbrüche. Polizeieinsätze sind bei uns an der Tagesordnung. Ein Junkie knackt in der Lauinger mehrere Autos und klaut die Radios. Einer der Beklauten bekommt raus, wer es war. Er holt seine Baseballkeule und schlägt ihn im Treppenhaus halb tot. Wenige Stunden später wird der Schläger festgenommen und wegen versuchten Mordes für vier Jahre weggesperrt.

Immer wieder höre ich von Leuten, die sich im Park hinter der Bushaltestelle eine Überdosis Heroin spritzen. Für einige kommt jede Hilfe zu spät. Einem der Toten werden sogar die Cowboystiefel geklaut.

Mit vierzehn rauche ich an der Bushaltestelle meinen ersten Joint. Der Freund meiner Schwester kommt um die Ecke und ist ununterbrochen am Kichern. Er hat eine sehr dicke, stark qualmende Zigarette in der Hand.

»Was rauchst du denn da für eine riesige Kippe?«

»Junge, das ist keine Kippe, das ist ein Joint«, antwortet er und grinst mich an. »Willst du mal ziehen?«

Ich vertraue ihm und nehme einen Zug, atme tief ein und fange tierisch an zu husten. Alles um mich herum dreht sich. Mir wird schwarz vor Augen. Mein Hals brennt. Die anderen fangen laut an zu lachen.

Die Bushaltestelle in der Lauinger Straße wird unser »Jugendtreff«. Deutsche, Griechen, Türken, Italiener – alle hängen hier gemeinsam ab. Wir sind wie eine kleine Gang, die durchs Viertel zieht. Aus Langeweile zerstören wir Sachen, klauen in Läden und machen nur Blödsinn. Mit dem Skateboard oder dem BMX fahren wir die Straße entlang, üben Sprünge, drehen eine Runde um den Block und checken, ob was abgeht. Die Straße ist unser Zuhause. Hier spielt sich das Leben ab, hier sind wir alle zusammen.

Der Höhepunkt des Jahres ist Silvester. Da geht es in unserer Straße ab wie an keinem anderen Tag: Randale, eingetretene Scheiben, brennende Tonnen – als wäre ein Bürgerkrieg ausgebrochen. Wir böllern wie die Irren, beschießen uns gegenseitig mit Gaspistolen und Raketen. Auch vorbeifahrende Autos werden beschossen. Zeitungskästen fangen an zu brennen. Polizei und Feuerwehr rücken wegen uns aus. Plötzlich rasen zwei Streifenwagen von links und rechts den Bordstein hoch und machen direkt vor uns eine Vollbremsung. Alle schreien durcheinander, rennen in die Siedlung und verstecken sich. Die Cops schnappen einige von uns und nehmen sie mit aufs Revier. Das ist nicht ihr einziger Einsatz in der Silvesternacht. Die Cops haben richtig was zu tun.

Eines steht fest: In der Lauinger gilt das Recht des Stärkeren. Einige von uns sind richtige Schläger und suchen immer Ärger. Sie bevorzugen es, die »Kleinen« zu hauen. Auch ich komme öfters in diesen »Genuss«.

Stefan, ein rechter Skinhead, schuldet mir fünfzig Mark. Ich fordere ihn mehrmals auf, mir das Geld zurückzugeben, sonst käme die Polizei. »Was hast du gesagt?« Plötzlich packt er mich am Kopf, reißt ihn hin und her, bis er ein ganzes Büschel Haare in der Hand hält. Die Kohle sehe ich nie wieder.

Ein anderes Mal geht der dicke Tom auf mich los. Erst gibt er mir einen Kopfstoß, dann stößt er meinen Kopf durch die Scheibe der Bushaltestelle. Wie durch ein Wunder werde ich – außer einer gebrochenen Nase – nicht weiter verletzt. Ich finde mich oft in der Opferrolle wieder.

Im Sommer gehen einige Jugendliche zelten. Der Platz liegt nur dreihundert Meter von unserer Wohnung entfernt. Ich schaue oft dort vorbei. An einem Wochenende machen sie eine Party mit Bier und Lagerfeuer. Sie grillen, saufen und hören harten Metal. Die Älteren haben schon ziemlich viel getrunken. Grundlos beginnt der einarmige Patrick mich anzupöbeln. Bald rutscht auch mir ein falscher Satz raus. Plötzlich geht Patrick auf mich los. Ich kann mich nicht anders wehren und trete ihm voll in die Eier. So schnell ich kann, laufe ich nach Hause. Doch es gelingt mir nicht mehr, die Tür aufzuschließen, Patrick und sein Freund sind mir zu dicht auf den Fersen. Ich renne weg und verstecke mich in einer Seitenstraße. Ich habe Todesangst. Nach einer guten halben Stunde bin ich davon überzeugt, dass sie wieder am Lagerfeuer sitzen und mich vergessen haben. *Jetzt kann ich es versuchen.* Doch sie lauern im Gebüsch auf mich. Kaum stehe ich vor meiner Haustür, stürmen die beiden mit Stöcken bewaffnet auf mich zu. Patrick brüllt: »Wir erwischen dich, du kleiner Wixer, dann schlagen wir dir die Zähne aus!« In ihrem Rausch wissen sie nicht mehr, was sie tun. Ich bin noch ein

Kind, und sie sind schon volljährig. Ich renne um mein Leben. Knapp kann ich entkommen. Völlig fertig setze ich mich auf den Bordstein und fange an zu weinen. In meiner Verzweiflung klage ich Gott an: »Warum hilfst du mir nicht? Ich hab doch nichts getan!« Ich fühle mich von der ganzen Welt verlassen. Die halbe Nacht jagen sie mich durch das Viertel. Mit letzter Kraft klettere ich über den Balkon in unsere Wohnung und kann mich retten.

Diese Erlebnisse machen etwas mit mir. Verändern mich. Ich gehe selten raus zum Spielen und fahre von der Schule direkt nach Hause. Die Angst, wieder gemobbt und geschlagen zu werden, sitzt mir im Nacken. Irgendwann habe ich die Schnauze voll davon, immer wegzulaufen. Ich entscheide mich, nicht länger Opfer zu sein, sondern selbst Täter zu werden. Ab diesem Zeitpunkt ändert sich alles. Zur Selbstverteidigung kaufe ich mir ein Butterfly-Messer und trage es immer bei mir. Stundenlang übe ich damit, um mir Respekt zu verschaffen. Wenn mich jemand beleidigt oder bedroht, schlage ich ihn brutal zusammen. Ab jetzt bin ich nicht mehr der Gejagte, sondern der Jäger.

SCHOOL TIME

Auf Schule habe ich null Bock. Ich gehöre zu den lernschwachen Ausländern in der Klasse. In den meisten Fächern tue ich mich schwer, Hausaufgaben gebe ich selten ab. Ich lese stockend und langsam, verliere schnell die Konzentration. Lust zum Lernen habe ich kaum. Im Unterricht kann ich der Lehrerin schlecht folgen. Eine Kleinigkeit reicht, um mich abzulenken. Besonders die deutsche Grammatik wird für mich zur Folter. Schon ab der dritten Klasse muss ich zum Förderunterricht. Heute weiß ich, dass ich Legastheniker bin und auch eine Form von ADHS habe.

Oft will ich so sein wie manche meiner Mitschüler. Denen gelingt alles auf Anhieb, sie sind bei den Lehrern beliebt und werden für ihre guten Leistungen gelobt. Ich fühle mich ausgegrenzt.

Vielen Migranten in der Klasse geht es ähnlich. Einer von ihnen ist Andy. Er kommt aus Tunesien und wächst bei einer deutschen Pflegefamilie auf. Andy und ich werden dicke Freunde und verbünden uns. Mit ein paar anderen fangen wir an, die Schule auf den Kopf zu stellen. Besonders gerne ärgern wir Mädchen. Bei allem, was wir anstellen, geht es eigentlich nur darum, Spaß zu haben. Schule ist für uns nur ein Nebenfach: langweilig und nervig.

Täglich gibt es Stress in der Schule. Wir bedrohen und beklauen andere Schüler. Nach der Schule lauern wir den Gymnasiasten auf und verprügeln sie richtig hart. Sie zu demütigen, gibt uns ein geiles Gefühl. So verschaffen wir uns Respekt an der Schule.

Unser Klassenlehrer stellt voller Entsetzen fest: »Es gibt keinen Tag, an dem ihr nicht irgendwas anstellt!« Er ist bekannt als der strengste Lehrer an der ganzen Schule.

Kurz vor den Weihnachtsferien bringt ein Schulfreund ein kleines Stück Dope mit in die Schule. Wir treffen uns und finden es total spannend, was Illegales auszuprobieren. Aber keiner von uns weiß so richtig, wie man einen Joint baut. Wir versuchen, so gut es geht, eine Tüte hinzubekommen. Jeder zieht ein paar Mal. Das reicht vollkommen aus, um gut drauf zu sein. Mit roten, glasigen Augen sitzen wir im Unterricht, machen blöde Sprüche, irgendeinen Scheiß und fangen grundlos an, über alles zu kichern. Der Musiklehrerin fällt das auf: »Was ist denn heute nur los mit euch?« Wir verarschen sie am laufenden Band, können gar nicht mehr damit aufhören.

Doch so lustig ist es nicht immer. Einmal ist der Klassenlehrer von einem Schüler so genervt, dass er ihm das Lineal auf den Kopf haut. Wütend brüllt der zurück: »Hey, was soll das?« Sie fangen an sich anzuschreien. Plötzlich eskaliert die Situation und sie fallen übereinander her, prügeln sich vor der ganzen Klasse. Innerhalb von Sekunden ist alles wieder vorbei. Wir sind alle wie erstarrt. Nie vergesse ich das käseweiße Gesicht des Lehrers und die feuerrote Birne meines Schulkameraden.

Unser Lehrer hat die Klasse nicht mehr unter Kontrolle. Aus Verzweiflung schaltet er den Schulpsychologen ein. Die schlimmsten Schüler müssen jetzt ein Anti-Aggressions-Training machen. Dabei werden Fallszenen durchgespielt und mit der Kamera aufgezeichnet. Danach sprechen wir sie durch. Der Psychologe stellt einen Stuhl auf den Tisch. »Nehmen wir an, der Stuhl wäre euer Lehrer, was würdet ihr tun?« Andy steht auf und schreit den Stuhl voll an: »Hey, du Hurensohn, verpiss dich, sonst gibt's Stress!« Der Psychologe macht sich Notizen und analysiert sein Verhalten.

Was die Lehrer auch probieren, uns ist das egal. Wir bauen weiter Scheiße und haben voll den Spaß. Als unser Verhalten irgendwann unerträglich wird, schickt der Schulleiter eine Mitteilung an die Eltern: Mein Vater soll sofort in die Sprechstunde kommen, und ich soll bei dem Gespräch mit dabei sein.

Der Schulleiter und mein Klassenlehrer erzählen ihm, wie ich die Schule terrorisiere. Als mein Vater das hört, wird er ganz blass. Die Situation überfordert ihn total, er bekommt kein Wort heraus. Sogar mir ist es peinlich, und ich schäme mich.

Nach der Sprechstunde gehen wir zum Auto. »Warum diese schlechte Sache machen? Ich geben fünfzig Mark, und du aufhören, okay?«, schlägt mir mein Papa in gebrochenem Deutsch vor. Natürlich verspreche ich meinem Vater, mich zu bessern. Ich nehme das Geld, aber eigentlich sehne ich mich viel mehr nach seiner Aufmerksamkeit, seiner Anerkennung, seiner Liebe. Mein größter Wunsch ist es, mit meinem Vater Zeit zu verbringen – so wie damals …

Ich weiß noch genau, wie wir zu meiner Oma nach Griechenland gefahren sind. Nur mein Vater und ich. Ständig haben wir etwas unternommen und gemeinsame Abenteuer erlebt, waren wandern und jagen. Einmal haben wir sogar mitten in der Wildnis übernachtet, ein riesiges Lagerfeuer angezündet und sind nachts fischen gegangen.

Mein Vater hat mir schöne Plätze in den Bergen gezeigt und mir erklärt, aus welchen Pflanzen man Gewürze und Tees machen kann. Bei einem Ausflug habe ich eine riesige grüne Eidechse gefangen. Den Rest des Abends habe ich von nichts anderem mehr geredet. Da hat er auch aus seiner Kindheit erzählt, wie er als Junge die Schafe gehütet oder mit der Steinschleuder Vögel geschossen hat.

Diese gemeinsame Zeit war für mich der Himmel auf Erden. Aber als wir wieder in Deutschland ankamen, war alles beim Alten. Mein Vater musste schuften, und ich habe ihn kaum gesehen. Sein ganzes Leben bestand nur aus Arbeit.

BRANDS

Schon im Alter von zwölf Jahren machen wir uns auf die Suche nach einer eigenen Identität. Andy und ich lieben stylische Kleidung, unterhalten uns oft darüber. Wir erkennen schnell ihren Wert in der Gesellschaft. Mit coolen, noblen Klamotten wird man bewundert und kommt in der Clique besser an. Ich besorge mir Markenklamotten und definiere mich jetzt über die Labels: *Hugo Boss*, *Iceberg*, *Chevignon*, *Best Company*, *New Balance*, *Timberland*, *Levis*, *Diesel*, *Fila*, *Adidas*, *Avirex*. Sie werden zu meinem Aushängeschild. Die Werbung weckt in uns Bedürfnisse, sie bestimmt, welche Trends in oder out sind. Wir tragen die Namen berühmter Designer, weil wir selber Nobodys sind. Zum Beispiel habe ich eine weiß-rote Trainingsjacke von *Kappa*. An den Ärmeln das *Kappa*-Logo mit Goldstickereien. Ein sehr edles Teil. Wo immer ich mit der Trainingsjacke aufkreuze, fühle ich mich wie der Boss.

Vor allem geile Sneakers sind bei uns total angesehen. Von einem Freund erfahre ich, dass man bei den stationierten Amerikanern Turnschuhe von *Fila* kaufen kann. Die gibt es in keinem anderen Laden der Stadt, nur da. Ich will sie unbedingt haben. Das ist aber nicht so einfach. Zum einen dürfen ausschließlich Amis in diesen Läden einkaufen, zum anderen kann man nur mit Dollars bezahlen. Ich wechsle mein Geld, fahre zur Kaserne und versuche mein Glück. Der Verkäufer checkt sofort, dass ich hier nicht hingehöre, und schmeißt mich raus. Doch so schnell gebe ich nicht auf. Auf der Straße spreche ich einen schwarzen Jungen an, der auf dem Gelände wohnt. »Sorry, ich habe eine Frage. Könntest du für mich Sneakers kaufen? Ich würde dir auch etwas dafür geben.« Er ist einverstanden und besorgt mir absolut einzigartige Turnschuhe von *Fila*. Ich zahle einen saftigen Preis, aber das ist es mir wert. Überglücklich halte ich meine neuen Sneakers in den Händen. Sie sind so schön elegant, in Weiß, mit einem dezenten schwarzgrauen Streifen in der Mitte, und darunter das *Fila*-Zeichen. Mit diesen Schuhen ziehe ich die ganze Aufmerksamkeit auf mich. Überall, wo ich hinkomme, höre ich: »Deine Sneakers sind richtig nice!«

Im Nachhinein wird mir klar: Durch teure Labels holte ich mir von den Leuten die Aufmerksamkeit und die Anerkennung, die ich von meinen Eltern nicht bekam.

HIP-HOP IS COMING

Während meiner Kindheit ist bei den Jugendlichen eigentlich Heavy Metal voll angesagt. Fast alle laufen mit engen Jeans, schwarzen Lederkutten und fettigen langen Haaren herum. Aber Anfang der 80er passiert etwas ganz Neues. Hip-Hop erreicht Deutschland.

Mit der Straßenkultur aus den USA verändert sich schlagartig alles. Wir sind gerade mal zwölf und haben überhaupt keine Ahnung von *Rap*, *DJing*, *Breakdance* und *Graffiti*. Uns fällt nur auf, dass mehr und mehr Teenager ihr komplettes Outfit verändern. Sie tragen Trainingsanzüge, Baseball-Kappen, fette Goldketten mit Mercedes-Sternen, dicke Kopfhörer und Basketballschuhe mit Zunge raus.

Auch im Radio läuft verstärkt Hip-Hop. *Kurtis Blow*, *Grandmaster Flash* und *The Sugarhill Gang* werden zu Wegbereitern des Raps. Bands wie *Public Enemy*, *Run-DMC* oder *Beastie Boys* erobern die Charts. Die Beats sind fresh, anders. Viele Jugendliche finden sich wieder, fahren voll darauf ab und laufen mit riesigen Ghettoblastern herum. Man spürt regelrecht den Groove auf der Straße. Eine neue Jugendkultur entsteht, und wir sind mittendrin.

In den USA ist die Bewegung schon seit über zehn Jahren voll im Gange und ermöglicht einer ganzen Generation, sich mitzuteilen. In den Ghettos von New York ist der Alltag oft anonym und trostlos. Hip-Hop gibt Tausenden die Chance aufzufallen. Manche schaffen den Sprung und werden berühmt.

1983 kommt New York nach Bayern. In kürzester Zeit löst die neue *Street Culture* einen riesigen Hype aus.

Auch Andy wird vom Hip-Hop-Fieber gepackt. Er besorgt sich Platten und fängt an zu rappen, zu breaken, zu scratchen. Durch ihn komme ich zum ersten Mal mit Rap und Funk in Berührung. Einmal bringt er sogar eine Platte von *Whodini* mit in den Musikunterricht. Der Song *Friends* ist gerade in den Top Ten. Das Lied wird zum Ohrwurm. In der Pause stehen ein paar von uns zusammen und rappen im Chor: »Friends – how many of us have them?«

Besonders die Graffitis verändern unser Stadtbild. Plötzlich tauchen überall bunte Bilder auf. Auslöser für diese *Street Art* ist der Kultfilm *Wild Style*. Die Message von **FAME** und **REVOLUTION** schlägt bei den Jugendlichen voll ein. Als Reaktion auf den Film fangen viele an, Wände und S-Bahnen zu besprühen. Am 24. März 1985 wird in Geltendorf der erste **END-2-END** Deutschlands gemalt – ein Graffiti auf gesamter Wagenlänge! Das ist eine Graffiti-Revolution.

Schnell wächst eine neue Jugendbewegung heran, und es formiert sich eine kleine, noch überschaubare Graffiti-Szene. Teenager verteilen im ganzen Stadtgebiet ihre **TAGS**. Sie dienen den Jugendlichen als eine Art Medium. Der eine taggt seinen Namen an die Ecke, ein anderer antwortet und taggt daneben. Die Writer kommunizieren miteinander. So teilen sie sich gegenseitig mit: *I'm alive!*

1986 gibt es in München keine einzige S-Bahn, die nicht besprüht ist. Am Stachus entsteht der erste **CORNER** – ein Treffpunkt, um die **PIECES** auf den Zügen zu bestaunen und zu fotografieren. Brennpunkt der Szene wird die **HALL OF FAME** am damaligen Flohmarktgelände. An riesigen Wänden üben die **WRITER** Techniken, tauschen ihre Ideen aus und messen sich untereinander. München wird zur Graffiti-Hauptstadt, noch vor Berlin oder Amsterdam. Viele internationale **WRITER** kommen hierher, um auf den S-Bahnen ihre bleibenden Spuren zu hinterlassen.

In meiner Straße wohnen **ZOPE**, **BOXER** und **CAZE**, einige der bekanntesten **WRITER** der Szene. Sie sprühen viele illegale **PIECES** in unserem Viertel. Mich ziehen die Bilder magisch an. Jedes Mal, wenn ich ein neues Graffiti entdecke, leuchten meine Augen. Sie drücken für mich ein ganz besonderes Lebensgefühl aus: Action, Abenteuer und Spaß.

Doch der Staat beginnt gegen die **WRITER** massiv vorzugehen. 1986 entsteht die erste Graffiti-Soko Deutschlands. Besonders in Bayern wird mit großer Härte gegen die Sprayerszene vorgegangen. Doch international haben alle Gegenmaßnahmen nur wenig Erfolg. Die »Revolution der Farben« dauert bis heute an.

PROMISE

Im Sommer '88 bekomme ich mehr Kontakt zu **BOXER**. An einem Abend kommt mir spontan die Idee, bei ihm vorbeizuschauen. Er öffnet und fragt, was abgeht. »Hey **BOXER**, ich hab gehört, du suchst ein Mountainbike?« Während wir uns dann unterhalten, schlägt er mir irgendwann vor reinzukommen. Ich freue mich total über seine Einladung. Erst reden wir über alles Mögliche. Aber kurz darauf geht es schon um Graffiti. **BOXER** fängt an, vor meinen Augen **STYLES** zu zeichnen. Dabei erklärt er mir, worauf man achten muss. Mir bleibt die Spucke weg.

Er zieht einige **CAPS** aus der Hosentasche. »Das hier ist eine **SKINNY CAP**, damit machst du saubere Linien. Die **FAT CAP** nimmst du zum Ausfüllen.« Während wir reden, dreht er sich einen Joint nach dem anderen. Er raucht die Teile weg, als wären es Zigaretten. Dabei überrascht es mich sehr, wie viel Hasch er rauchen kann und trotzdem noch so bei der Sache ist.

Dann packt **BOXER** Geschichten von besprühten Zügen aus: »Einmal waren wir gerade am **TRAIN**-Malen. Auf einmal waren überall Bullen. Wir sind gerannt wie verrückt. In der nächsten Ortschaft haben wir uns in einem Schweinestall versteckt. Da hat es brutal gestunken. Ich wär fast umgekippt. Aus Blödsinn hat einer angefangen, die Schweine mit Smileys zu besprühen. Wir fanden's witzig und haben gleich mitgemacht. Ich hab auf ein Schwein ›**DU SCHWEIN**‹ geschrieben, ein anderer hat Hakenkreuze auf die Schweine geschmiert. Was denkst du, wie der Bauer sich am nächsten Morgen gefreut hat!«

Er erzählt mir auch vom **WRITERS CORNER** am Isartor, von fetten Hip-Hop-Partys, von **ABC** – seiner **CREW** – und von großen Graffiti-Aufträgen. Mir gefällt es, ihm zuzuhören. Seine Geschichten sind spannend. Genau so habe ich es mir in der Szene vorgestellt. Krasse Action, Spaß und viel **FAME**. Er gehört voll dazu, kennt die ganze Szene rauf und runter, Rapper, Breaker und natürlich jede Menge **WRITER**.

BOXER erwähnt auch die **HALL OF FAME** an der Dachauer Straße und fragt mich: »Bist du schon mal bei den Hallen gewesen? Da musst du hinfahren. Da haben **WON** und ich in der **KINGS ROAD** meterhohe Wände besprüht«, erzählt er stolz. »**ABC** hat alle geburnt!«

»Was ist denn die **KINGS ROAD**?«

»Denkst du, da kann einfach jeder kommen und sprühen, wie er gerade Lust hat? In der Szene gibt es klare Spielregeln. Die Anfänger sprühen in der **TOY STREET** und die Besten in der **KINGS ROAD**. Wenn wir einen erwischen, der **STYLES** crosst, fängt der sich gleich ein paar Ohrfeigen ein.«

Zuerst denke ich, dass **BOXER** ganz schön dick aufträgt. Aber als er später sein dickes schwarzes Buch herausholt, voll mit Skizzen und Fotos, habe ich keinen Zweifel mehr: Vor mir sitzt ein **STYLE KING**.

»Guck, das sind die Hallen.« Als **BOXER** mir die Bilder der **HALL OF FAME** zeigt, fallen mir die Augen aus dem Kopf.

Wir sitzen noch stundenlang zusammen. Er erzählt eine Geschichte nach der anderen. Ich komme aus dem Staunen gar nicht mehr raus.

An diesem Abend gibt **BOXER** mir ein Versprechen, das ich nicht vergessen werde: »Ich führe dich in die wahren Kreise des Graffiti ein.« Zuerst weiß ich nicht, was ich davon halten soll. Aber irgendwie glaube ich, dass **BOXER** sein Versprechen halten wird.

HOLIDAYS

In den Sommerferien reisen wir in unsere Heimat nach Sizilien. Die Fahrt in unserem kleinen Auto ohne Klimaanlage dauert mehrere Tage und ist unerträglich. Besonders für uns Kinder ist das jedes Mal der reinste Horrortrip. Bis heute sind für mich deshalb lange Autofahrten ein Albtraum. Nichtsdestotrotz komme ich sehr gerne hierher, und die Anstrengung ist schnell vergessen.

Sizilien ist eine wunderschöne Insel mit felsigen Küsten, die in weite Sandstrände übergehen. Das türkisblaue Meer erinnert an die Karibik. Im Sommer regnet es so gut wie nie, und die Temperaturen steigen bis auf vierzig Grad. Der Strand liegt nur zehn Minuten von unserem Haus entfernt. Oft verbringen wir den ganzen Tag am Meer, schwimmen und entspannen uns. Anders kann man die Hitze nicht aushalten.

Balestrate ist ein kleiner Vorort von Palermo. Es gibt hier viele Ferienwohnungen, und viele verbringen hier ihren Sommerurlaub, so wie meine Eltern. Das Städtchen mit normalerweise zweitausend Seelen schwillt im Sommer auf fünftausend an. Durch den Strand und die vielen Diskotheken entlang der Promenade ist Balestrate ein sehr attraktiver Urlaubsort. Eine der bekanntesten und beliebtesten Discos ist »La Conchiglia«. Abends gehen auch wir gerne in diesen Club. Von ganz Sizilien kommen junge Leute her, um hier zu feiern. Weil meine Cousine dort arbeitet, dürfen wir kostenlos rein. Die DJs heizen der Menge mit Techno richtig ein. Gemeinsam mit meinen Verwandten tanze ich zu den Beats bis spät in die Nacht.

Sobald die Sonne untergeht, legt sich eine besondere Stimmung auf die Insel. Auf der Straße unterhält man sich. Die Einheimischen kommen aus ihren Häusern und treffen sich auf der Piazza. Hier spielt sich alles ab. Jung und Alt, Reich und Arm – alle treffen sich im Ortskern. Man sitzt beieinander, trinkt Kaffee und schleckt Gelati. Die Gespräche sind oft sehr emotional. Mit Händen und Füßen wird über die Politik geschimpft. Andere erzählen, was die »nette« Verwandtschaft so treibt. Trotzdem sind Sizilianer grundsätzlich entspannter und nehmen nicht alles so übergenau. Die meisten schnallen sich im Auto nicht an und telefonieren, während sie fahren. Die Polizei ist gelangweilt und tut nicht wirklich was dagegen. Hier ist alles etwas anders als in Deutschland. Man kann sagen: Jeder tut, was ihm gefällt. Diese Freiheit, diese Gelassenheit genieße ich.

In Balestrate wohnen viele meiner Verwandten. So bin ich meistens mit meiner Verwandtschaft zusammen. Familie, gut essen und abends ausgehen ist den Sizilianern am wichtigsten.

HOMELESS

Ständig fragen mich meine Verwandten auf Sizilien: »Wo gefällt es dir besser, hier oder in Deutschland?« »Fühlst du dich mehr als Italiener oder mehr als Grieche?« Sie bringen mich zum Nachdenken. In drei unterschiedlichen Kulturen aufzuwachsen, ist richtig hart. Für meine Eltern war es klar, dass das Leben in Deutschland viel besser ist als in ihrer Heimat. Aber für mich bleibt die Frage offen: Wo gehöre ich eigentlich hin, wo ist meine Heimat? Egal ob in Deutschland, Griechenland oder Italien, ich bin immer der Ausländer.

Meine Leidenschaft für Graffiti begleitet mich auch nach Sizilien. In unserem Garten dort stehen meterlange Mauern. Sie sind perfekt, um **TAGS** und Buchstaben zu üben. Also kaufe ich mir ein paar Dosen und verziere die Mauern komplett mit Graffiti. Bis dahin habe ich nur ganz wenige Male irgendwo gesprüht, aber hier ergibt sich mal die Möglichkeit, herumzuexperimentieren und Erfahrungen zu sammeln.

Am Anfang kriege ich gar nichts hin. Lange **DRIPS** laufen die Wand herunter. Aber nach und nach bekomme ich den Schwung raus. Dabei stelle ich fest: Je näher ich mit der Dose an der Wand entlangsprühe, desto dünner wird der Strich.

Manchmal gehen Fußgänger vorbei und wundern sich. Manche bleiben stehen und schauen mir neugierig zu. Einer fragt mich: »Was soll das denn werden?«

»Graffiti!«

Sie haben so etwas noch nie gesehen und kapieren nicht, dass man mit Dosen auch Bilder malen kann. Auch meine Verwandten machen sich lustig über mich: »Basqua, du spinnst doch!« Für sie bin ich nur der Touri aus dem fetten Deutschland.

Aber mir ist das egal. Graffiti gibt mir das Gefühl, etwas Besonderes zu sein, denn keiner kann, was ich kann. Ich sprühe weiter und denke mir: *Eines Tages werde ich es euch allen zeigen. Und dann bin ich der **KING**!*

Während meiner Ausbildungszeit lerne ich Leute aus Neuperlach kennen. Neuperlach gehört ebenfalls zu den sozialen Brennpunkten in München. Es ist eine Hochhaussiedlung, in der viele Migranten wohnen. Kriminalität und Drogenhandel sind normal. Die Jugendlichen hängen planlos vor McDonald's am Einkaufscenter ab. Ein Szenetreff entsteht. Wir haben Spaß und drehen voll auf. Ein paar von ihnen klauen in den Läden, kiffen oder stellen einfach krankes Zeug an. Ich mache mit – *just for fun*.

In dieser Clique sind auch immer Frauen mit am Start. Hier lerne ich Stefanie kennen. Sie ist richtig hübsch. Ihre ganze Art gefällt mir. Mit meinem sizilianischen Herzensbrecherblick schaue ich ihr in die Augen. Steffi checkt, dass ich sie sympathisch finde und etwas von ihr will. Sie erwidert meine Gefühle. Wir küssen uns.

Mit siebzehn bin ich zum ersten Mal in meinem Leben unsterblich verliebt. Seit Längerem schon wünsche ich mir eine feste Beziehung, und jetzt geht der Wunsch endlich in Erfüllung. Jeden Tag telefonieren wir miteinander. Am Wochenende treffen wir uns, hängen bei ihr ab und gehen zusammen feiern. Ich denke mir viel Quatsch aus, lade sie zum Essen ein und verwöhne sie wie eine Prinzessin. Ich zeige ihr eine neue faszinierende Welt, eine neue Freiheit. Durch mich kann sie aus ihrem spießigen Leben ausbrechen. Meine teuren Klamotten beeindrucken sie. Ich bin ihr Sizilianer! Nie zuvor habe ich mich so in ein Mädchen verliebt. Es ist herrlich. Steffi wird für mich das Wertvollste in meinem Leben. Sie ist mein Schatz.

Dann plötzlich der große Knall: Steffi macht Schluss und lässt mich wie eine heiße Kartoffel fallen. Als ich versuche, mit ihr darüber zu sprechen, blockt sie mich. Das bricht mir das Herz. Ich will sie doch nur fragen, warum sie nicht länger mit mir zusammen sein will. Ich will nur die Wahrheit wissen, um es zu verstehen. Aber ich erfahre sie nie – Steffi lässt mich komplett abblitzen. Das ist für mich der Todesstoß.

Ich muss jede Sekunde an Stefanie denken, bekomme sie nicht mehr aus dem Kopf. Nachts träume ich von ihr, und zwar so intensiv, dass ich denke, sie steht mitten im Zimmer. Die Gedanken machen mich wahnsinnig. Ich würde alles dafür tun, um wieder mit ihr zusammenzukommen. Aber es ist aus und vorbei! Meine Traurigkeit überwältigt mich. Rational check ich es nicht, und emotional pack ich es nicht.

Es ist fast unmöglich zu beschreiben, was in den nächsten Wochen und Monaten in mir vorgeht. Alles, was ich sagen kann, ist, dass es sich anfühlt, als hätte sie mir mein Herz herausgerissen. Meine erste große Liebe wird meine größte Verzweiflung.

Irgendwann ertrage ich es nicht mehr. *Was ist das nur für ein beschissenes Leben … Ständig wird man enttäuscht und verletzt.* Zum ersten Mal kaufe ich mir was zu rauchen und drehe mir *alleine* einen Dübel. Ich inhaliere tief. *Das tut gut.* Mein ganzer Körper entspannt sich. Wochenlang geht es so weiter. Das Zeug hilft mir, meinen Herzschmerz zu vergessen. Einfach sich wegmachen und nicht länger über Steffi nachdenken. Anders halte ich das nicht aus. Immer öfter besorge ich mir etwas zu kiffen. Diese Verletzung ist für mich der Auslöser, richtig mit Drogen anzufangen.

In dieser Zeit suche ich sehr die Nähe zu **BOXER**. Ihm erzähle ich alles, was mich bewegt. Er hört mir zu. Ich bin echt froh darüber, dass er sich Zeit für mich nimmt. Meine Eltern sind leider selten zu Hause. Und mit ihnen kann ich sowieso schlecht über meine Gefühle reden. Abends im Bett ist es oft am schlimmsten. Meine Gedanken fangen an, sich im Kreis zu drehen und mich ganz verrückt zu machen. Dann hole ich mir noch schnell ein kleines Gute-Nacht-Piece … Prall, aber seelenruhig schlafe ich ein. Das ist die beste Medizin gegen meinen Liebeskummer.

FIRST PIECE

»Morgen Nachmittag gehe ich sprühen! Willst du mitkommen?«, fragt mich **BOXER**.

»Voll gerne.«

»Okay, dann komm nach der Arbeit zu mir.«

Ich bin schon ganz heiß drauf, halte es kaum bis morgen aus.

Am nächsten Tag macht **BOXER** einen richtig coolen **FREESTYLE**. Ich darf beim Ausfüllen helfen. Die Buchstaben liegen übereinander und haben wundervolle Schwünge. Dezente Farben und wenige Designs. Dafür saubere **OUTLINES**, also Umrandungen, dazu dicke, schwarze 3D-Blöcke und sehr gut platzierte **HIGHLIGHTS**. Ich bin baff, als **BOXER** das Bild fertig hat. Man merkt sofort die jahrelange Erfahrung und Übung. Der **STYLE** hat Power, und die Buchstaben wirken auf mich fast lebendig.

»Du kannst versuchen, mit den Restdosen noch ein kleines **PIECE** zu malen«, schlägt **BOXER** mir vor. Es ist schon Abend und etwas kalt geworden. Ich nehme die Kannen und fange an, ein »**FRED**« zu sprühen. Dabei mache ich alle Fehler, die ein Anfänger nur machen kann. Natürlich habe ich schon mal eine Dose in der Hand gehabt, aber mir fehlt die Erfahrung. Ich kann nicht verhindern, dass die Farbe dript. Es läuft und läuft wie verrückt. Bei dem, was ich da sprühe, sind das nicht nur **DRIPS**, sondern Wasserfälle. Das **PIECE** sieht total verzockt aus. Ich schaue mein Bild an, schaue dann **BOXERS** Bild an und fange an, mich zu schämen. Mein erstes Bild ist die reinste Katastrophe. Ich verliere sofort die Lust und will vom Sprühen nichts mehr wissen. **BOXER** merkt, dass ich am Boden zerstört bin. »Alter, so läuft das am Anfang bei jedem ab. Du brauchst Routine mit der Sprühdose. Bleib einfach dran. Wenn du das Wesen der Buchstaben begriffen hast, bekommen deine Bilder Dynamik. Auf einmal passiert es, und du malst einen fetten Burner.« Seine Worte helfen mir. Ich freue mich, dass **BOXER** nicht arrogant ist, obwohl er zu den Besten gehört. Er hat nicht vergessen, woher er kommt. Jeder musste den Weg gehen, um schließlich eines Tages **KING** zu werden. Das motiviert mich, weiter dranzubleiben.

CRASH

Als wir zurückfahren, meint **BOXER**: »Hey Basqua, willst du mein Schüler werden?«

Wir gucken uns an. »Meinst du das ernst?«

»Ja, klar! Ich nehm dich mit und bring dir das Sprühen bei.«

»Was ist das für eine Frage? Natürlich will ich dein Schüler sein!«

Ich falle ihm um den Hals, juble los und lache laut. **BOXER** ist für mich der Größte. Er wird mein Mentor – obwohl ich so schlecht bin. Ein Riesentraum geht in Erfüllung.

Nachdem ich mich wieder beruhigt habe, sagt er: »Aber hör zu, das mit deinem Namen geht nicht so weiter. Du brauchst einen geilen Namen. ›**FRED**‹ hört sich scheiße an. Der bringt's echt nicht. Der Name muss groß und erhaben klingen!« Er überlegt kurz und sagt dann: »Wie wäre es mit **CRASH?**«

»**CRASH**?«

»Ja, ganz genau, **CRASH**. Den Namen kann man sich auf Anhieb merken.«

»**CRASH** hört sich richtig nice an.«

»Okay, ab heute heißt du **CRASH**.«

Ich freue mich wahnsinnig. **BOXER** hat recht, der Name drückt ein ganz bestimmtes Lebensgefühl aus: rausgehen, Gas geben, sich wichtigmachen und **FAME** haben.

Als wäre das noch nicht genug, setzt **BOXER** noch eins drauf und sagt: »Ab jetzt gehörst du auch zu **ABC**.«

Mich bläst es komplett weg. Meine Emotionen gehen mit mir durch. »Jetzt hör auf! Mach keinen Scheiß!«

Erst gibt **BOXER** persönlich mir meinen Namen, und jetzt nimmt er mich auch noch in eine der besten und bekanntesten **CREWS** von ganz Deutschland auf. Ich kann mein Glück nicht fassen. Das bedeutet mir sehr, sehr viel. Von da an tagge ich nur noch »**CRASH ABC**«. Jetzt bin ich kein **NO NAME** mehr.

Später weiht mich **BOXER** noch in ein Geheimnis ein. »Ich muss dir noch was erklären. Legal sind wir **ABC**, also ›**ART BOMBING CLAN**‹, aber illegal heißen wir **TSR**.«

»Wie meinst du das?«

»Bei Aufträgen heißen wir immer **ABC**. Aber wenn wir illegal sprühen, dann bomben wir nur **TSR**, also ›**THE SUBWAY ROCKERS**‹, verstanden? So können die Cops uns für die illegalen Graffitis nicht festnageln.«

Ich komme mir vor, als wäre ich der Mafia beigetreten. Alles ist so geheimnisvoll und undurchsichtig.

BOXER nimmt mich mit zu **WON**. Andere **OLDSCHOOLER** sind auch da. Bei der ersten großen Begrüßungsrunde sagt er: »Das ist **CRASH** … mein neuer Schüler!« Alle klatschen ab und geben Ghettofaust. Das macht mich stolz. Mein Leben wird spannender. Ab diesem Zeitpunkt sind wir drei viel unterwegs. Am Wochenende gehen wir oft auf Hip-Hop-Partys. Langsam führt **BOXER** mich in die Kreise der Szene ein, und ich lerne viele bekannte **WRITER** kennen. Das bedeutet mir unvorstellbar viel. Die ganze Zeit über habe ich wie ein Irrer versucht, in die Graffiti-Szene reinzukommen, und jetzt bin ich mit den besten **WRITERN** unterwegs und gehöre richtig dazu.

Mit ganzer Leidenschaft hänge ich mich rein und versuche, so viel Zeit, Kraft und Schweiß hineinzustecken, wie es nur geht. Auf der Arbeit dagegen – ich mache eine Ausbildung zum Elektriker – wird es immer ätzender. Ich versuche mich in der Berufsschule irgendwie über Wasser zu halten. Meine Ausbildung kotzt mich mehr und mehr an. Ständig werden mir dumme Arbeiten zugeteilt. Oft schmiere ich aus Langeweile mit dem großen Baustellenbleistift die Rigipswände voll. Das liebe ich sehr, denn die Oberfläche ist aus Papier und eignet sich super zum Draufmalen. Hier kann ich wunderbar üben: **TAGS**, **CHARACTERS** und **STYLES** in schönen großen Lettern. Ich habe genug Zeit und male oft stundenlang – einfach alles, was mir einfällt! Die Wände sehen danach wirklich brutal zerstört aus.

Einmal gibt es deswegen einen Riesenärger. Auf einer Baustelle in der Uni-Klinik müssen wir neue Stromleitungen für einen Röntgenraum verlegen. Die Wände sind ganz frisch gezogen worden, und ich fange an, meine Graffitis zu zeichnen. Als der Maler die Rigipswände danach streichen muss, kommen die **STYLES** zum Vorschein. Er streicht und streicht, aber sie scheinen trotzdem wieder durch. Ich kriege von meinem Vorgesetzten Endstress. Der Maler muss die Wände viermal streichen, bis die Buchstaben überdeckt sind. Die Rechnung muss meine Firma übernehmen. Mein Chef kürzt mir drei Monate lang das Gehalt. Aber mir ist das egal. Graffiti ist mein neuer Lebensinhalt.

Nach der Arbeit gehe ich sofort zu **BOXER** nach Hause. Ich freue mich schon den ganzen Tag darauf, ihn zu sehen. Wir werden wieder zusammen in seinem Zimmer liegen, **STYLES** zeichnen, viel reden und dabei natürlich eine »Kleinigkeit« kiffen.

HALL OF FAME

Fast täglich fahren **BOXER** und ich zum Heimeranplatz und malen an einer der größten **HALLS** von München. Mauern mit bis zu zehn Metern Höhe ragen in den Himmel. Hier kann sich jeder austoben und zeigen, was er draufhat. An den großen Flächen dürfen nur die besten **WRITER** sprühen. An den Seiten gibt es noch Ausläufer, die weniger hoch sind. Die sind mehr für die **TOYS**. Da ich jetzt zu **ABC** gehöre, sprühe ich auch auf der Hauptwand. Vielen stinkt das, weil ich **NEWCOMER** bin, aber sie können nichts sagen, denn sonst gibt's von **ABC** ein paar aufs Maul.

Überall liegt Müll herum. Schrottige Autos, alte Sofas und Tonnen. Wir nehmen die Sofas und stellen sie zusammen. Wie in einem riesigen Wohnzimmer sitzen wir vor der **HALL** und chillen ab. Bei gutem Wetter hängen wir oft von morgens bis abends an der **HALL**. Hier treffen sich alle. Von den anderen **WRITERN** hat fast immer einer den Ghettoblaster im Gepäck. Die einen quatschen, die anderen sprühen. Hip-Hop-Beats voll laut aufgedreht, und dann ist Party. Es ist richtig was los. Gute Stimmung und viele Leute drum herum. So lerne ich eine Menge Sprüher kennen. Es ist einfach nur geil, wenn alle da sind. Ein geniales Gemeinschaftsgefühl, wie eine große Familie. Es geht einfach nur ab, eine fette Party – und dabei machen wir auch noch gute Bilder.

Schnell fällt mir auf, dass die meisten **WRITER** einen ungewöhnlich auffälligen Kleidungsstil haben. Irgendwie heruntergekommen und mit Farbklecksen auf den Klamotten. Außerdem tragen viele lange Haare. Dadurch sehen sie wild und ungezähmt aus. Meine Kleidung dagegen ist sauber, und ich trage teure Labels. Optisch passe ich überhaupt nicht dazu. Also verticke ich meine Markenklamotten und besorge mir einen schwarzen Kapuzenpulli vom Hofbräuhaus, eine Jogginghose mit Reißverschluss und edle Sneakers von Adidas. Auch die Haare lasse ich mir wachsen.

Farben, Buchstaben, Striche. Alles begeistert mich am Sprühen. Es macht so unglaublich viel Spaß, kreativ zu sein und der Fantasie freien Lauf zu lassen. Ich lerne die Buchstaben und fange an, sie zu lieben. Das Verrückte dabei ist, dass ich wegen meiner Legasthenie Lesen und Schreiben eigentlich hasse. Aber hier ist das anders. Ich entwickle für die Buchstaben eine große Leidenschaft. **BOXER** und andere **WRITER** registrieren meine rasanten Fortschritte. Einige aus der Szene loben mich.»Hey **CRASH**, nicht übel für den Anfang … Nur weiter so.« Durch den Respekt, den ich in der Szene kriege, steigt mein Selbstbewusstsein enorm an – und meine **STYLES** werden auch immer besser.

Im Laufe der nächsten Monate geht meine Graffiti-Karriere steil nach oben. Bis dahin war ich nur ein Pseudo, ein Möchtegern, ein Mitläufer, der alles vollgeschmiert hat. Jetzt bin ich eine Stufe höher gestiegen. Jetzt bin ich ein richtiger **WRITER**, der mithilft, diese langweilige Welt schöner und bunter zu machen. Gleichzeitig habe ich mit meinen Freunden fetten Spaß und erlebe Abenteuer, Action und Nervenkitzel.

Der ganze Sommer '91 ist von diesem Kaliber. Endlich geht was ab. Ständig Highlife, ständig Partys, Drogen und Frauen – als hätte sich die Handbremse in meinem Leben gelöst. Die Graffiti-Action verpasst mir den entscheidenden Kick. In diesem Sommer entstehen zwei gigantische Wände von **ABC**. Sie schlagen in der Szene ein wie eine Bombe. Alle reden über unsere Wände. Viele **WRITER** aus ganz Deutschland kommen, um sie zu fotografieren. Jedes Graffiti-Magazin druckt unsere **HALL** ab. Ich liebe es, wenn man über uns und unsere Graffitis spricht.

BOXER nimmt mich auch immer wieder zu Graffiti-Aufträgen mit. Einmal besprühen wir eine Disco von außen voll mit Planeten, Sternen und Raumschiffen. Das sieht total abgespacet aus. Und das Gute ist: Am Ende bleiben immer einige Restdosen übrig.

Mit den **CANS** verwirklichen wir auch unsere geheimen Projekte. Eines dieser Projekte findet an Weihnachten statt. Spät nachts – ich bin schon längst am Schlafen – höre ich plötzlich, wie jemand riesige Steine an mein Fenster wirft. So fest, dass fast die Scheibe rausfliegt. Ich öffne das Fenster. **BOXER** steht unten.

»Digga, was ist los, ich penn schon …«

»Komm runter, wir gehen einen Zug sprühen.«

»Vergiss es, heute ist Heiligabend.« Für Katholiken ist Weihnachten sehr wichtig. Da etwas Illegales zu starten, löst in mir einen Gewissenskonflikt aus.

»Alle sind am Feiern, und wir können safe die S-Bahn besprühen, komm schon!«

Nach langem Hin und Her ziehe ich mich an und klettere aus dem Fenster. **BOXER** wartet unten und ist voll gut drauf. Ich rieche auch gleich, warum. Er empfängt mich mit einem dicken Dübel, zieht feste daran und gibt ihn mir. Auf einen Schlag bin ich total wach – und prall. Bei Nacht und Nebel fahren wir mit dem Auto Richtung Freising. **BOXER** geht vorsichtig die Gleise entlang. »Du wartest hier, bis ich dir ein Zeichen gebe«, flüstert er, »nimm dann die Tasche und komm leise rüber.« Er checkt die Züge, um sicherzugehen, dass keine Bahnbullen im Abteil versteckt sind. Auf diese »Bescherung« können wir nämlich verzichten. **BOXER** winkt mit der Hand. Die Luft ist rein. Ich schleiche zu ihm rüber. »Alles klar, es kann losgehen.« Ich stehe vor dem Zug und schaue mich um. Die Dunkelheit, die Kälte, der Stahl, das Licht. Es ist eine einmalige Atmosphäre. Gerade das gelbliche Licht, das von ein paar Leuchtmasten auf den Stahl scheint, lässt alles so richtig geil aussehen.

BOXER zieht die Buchstaben vor, und ich fülle sofort aus. Die Dosen sind verdammt kalt und funktionieren nicht wirklich. Unsere Finger frieren weg. Durch die Minusgrade trocknet die Farbe schlecht und fängt an herunterzulaufen. Aber trotz eisiger Kälte ziehen wir es durch und bomben den ganzen Zugwaggon von vorne bis hinten mit »**TSREVOLUTION**«.

Triumphierend fahren wir nach Hause. Da angekommen, feiern wir unseren ersten gemeinsamen **TRAIN**. »**THE SUBWAY ROCKERS** are back in town«, singt **BOXER** vor sich hin und dreht sich dabei ein schönes Sechsblatt.

Auch ich freue mich wie verrückt. »Ich sag dir, der Zug wird einschlagen wie eine Bombe.«

Erst spät bin ich im Bett. Den Kopf voller Bilder schlafe ich glücklich und zufrieden ein. Ich habe etwas Großes geschafft: meinen ersten **TRAIN**.

Als ich am nächsten Morgen irgendwann aufwache, rufe ich sofort **BOXER** an. »Hey, hast du gut geschlafen?«

»Passt schon.«

»Wann wollen wir uns treffen? Ich kann es kaum erwarten, den **TRAIN** zu sehen.«

»Um eins an der Bushalte. Vergiss die Kamera nicht.«

Wir fahren zum **WRITERS CORNER**. Die Weihnachtsfeier mit meinen Eltern muss ich absagen. Am Isartor sitzen schon viele andere **WRITER** herum. Nachdem wir alle begrüßt haben, erzählt **BOXER** gleich von der Aktion. Dann warten wir auf

»unseren« **TRAIN**. Bei jedem Zug, der einfährt, stehe ich auf und schaue gespannt, ob es unserer ist. Wir warten lange, gefühlt eine halbe Ewigkeit. Plötzlich kann ich etwas auf der Oberfläche der S-Bahn erkennen. Von Weitem sehe ich die Konturen. »Da kommt sie endlich!«, schreie ich los. Voller Freude renne ich dem Zug entgegen. Das Warten hat sich gelohnt. Ich bin überwältigt. Es ist ein unbeschreibliches Gefühl, vor meinem Bild zu stehen. Jetzt ist für mich Bescherung. Auch die anderen staunen, als sie den **TRAIN** einfahren sehen:

»Richtig nice, Alter.«

»Was für ein geiles Teil.«

»Wow, New York Old School.«

Mir gefällt es, dass alle unser **PIECE** bewundern. Ich fühle mich mächtig.

Uns bleiben nur wenige Sekunden. »Schnell, mach die Fotos«, fordert mich **BOXER** hastig auf. Ich springe vor und zurück und schieße viele Bilder. Schon schallt es durch den Lautsprecher: »Zurückbleiben bitte«, und mein **TRAIN** rollt davon.

NO NAME, NO FAME

Durch diese und andere Abenteuer fange ich noch mehr Feuer. »**BOXER**, lass uns Action machen und **TRAINS** bomben.« Aber der hat erst mal genug. »Du bist noch jung und ungezähmt, zieh los und mach deine Erfahrungen«, meint **BOXER**. Das stimmt! Mit siebzehn ist man der totale Draufgänger. Ich habe Kraft wie ein Bulle. Ich bin auf der Suche nach **FAME** und brauche die Bestätigung, dass ich ein echter Kerl bin. Ich stehe erst ganz am Anfang, will hoch hinaus und eines Tages zu den **KINGS** gehören. Wer kann da tatenlos herumsitzen?

Zu dieser Zeit hat **BOXER** noch zwei andere Schüler: **CHROMZ** und **CUBE**. Er bringt mich mit ihnen zusammen. **CHROMZ** ist Deutscher und **CUBE** Türke. **CHROMZ** gehört mit zu den Besten. Leider wohnt er zu weit von München entfernt, und so trifft man sich nur selten am **CORNER**. **CUBE** dagegen kommt oft zu uns nach Moosach. Wir verstehen uns sehr gut, er ist ein echter Freund und Partner. Er begeistert mich und hat ständig irgendwelche größenwahnsinnigen Ideen. Voll krasses Zeug. Das liebe ich an ihm. Wahrscheinlich liegt das auch daran, dass er gerne mal Amphetamine nimmt. Auf jeden Fall haben wir immer Spaß zusammen. Ich lasse mich von seiner Verrücktheit anstecken und starte mit **CUBE** richtig durch. **CUBE** und ich sprühen fast jeden Tag. Wir wollen **TSR** auf der ganzen Welt berühmt machen. Manchmal fantasieren wir herum, mit

Flugzeugen ein unübersehbares »**CRASH** & **CUBE** – **TSR**« in den Himmel zu schreiben. Jeder soll unsere Namen lesen. Wir greifen nach den Sternen und sind für unsere Idee sogar bereit zu sterben.

ABRIPPEN

Wir sprühen zu viel. Wieder mal sind die Dosen alle. »Wir brauchen unbedingt **CANS**!« Doch woher nehmen, wenn nicht stehlen? »Ey, weißt du was? Hier in der Nähe gibt es einen OBI. Wollen wir da Dosen klauen?« **CUBE** ist dabei. Wir wollen erst mal herausfinden, wie gut es klappen könnte. Also fahren wir in den Baumarkt, stecken zwei, drei Dosen hinten in den Gürtel und verschwinden unauffällig.

»Das geht ja voll easy«, sagt **CUBE** zu mir, »da müssen wir noch mal rein.«

»Ja, beim nächsten Mal räumen wir den Laden richtig aus. Wenn schon, denn schon!«

Ein paar Tage später fahren wir noch mal zum OBI. Aber diesmal mit einer großen Sporttasche. »Hör zu, **CUBE**, das Ganze muss blitzschnell gehen. Du wartest unten am Notausgang auf mich und passt auf. Ich pack die Dosen ein. Sobald du mich siehst, hauen wir ab.« Genauso ziehen wir es durch. Ich gehe mit der leeren Sporttasche direkt zur Farbenabteilung. Dann stecke ich den ganzen Arm ins Regal und schiebe die Kannen in die Tasche. Im Nu räume ich das komplette Regal leer. Entspannt gehe ich Richtung Notausgang. Rechts sehen, links sehen, auf Wiedersehen.

Ich reiße die Tür auf und laufe raus, so schnell ich kann. **CUBE** wartet wie besprochen am Notausgang. »Schnell, lass uns abhauen!« Genau in diesem Moment kommt ein Mann vorbei. Er mustert uns misstrauisch und versteht sofort, dass hier etwas faul ist. Wir schauen ihn an und warten gespannt, was als Nächstes passiert. Doch er will sich anscheinend keinen Stress einhandeln und geht weiter. Wir machen uns aus dem Staub.

Bei mir zu Hause begutachten wir die Beute. »Digga«, staunt **CUBE**, »gib dir mal, was für geile Farben wir haben.«

»Und wie viele!«, jubele ich. »Hammer!« Wir haben uns auf einen Schlag so viele **CANS** beschafft, dass es erst mal reicht.

Die Kannen lösen in uns das »Jagdfieber« aus. Wir sind heiß auf Action, besprühen S-Bahnen, Wände, Häuser und LKWs. Egal was wir erwischen, Hauptsache, wir steigen die **FAME**-Leiter weiter nach oben. Einmal laufen **CUBE** und ich nichtsahnend durch den S-Bahn-Tunnel an der Donnersberger Brücke. Wir gehen um die Kurve und trauen unseren Augen nicht. Plötzlich steht ein nagelneuer ICE vor uns. Weiß, sauber, wunderschön. Das ist die Gelegenheit. So schnell wir können, bomben wir unser **PIECE**, schießen Actionfotos und hauen ab. »Wahnsinn, wir haben unsere erste große Trophäe! Die anderen werden vor Neid platzen!«

Die nächsten Wochen und Monate ziehe ich los, sooft es nur geht. Wir machen Züge wie die Wilden, gehen in die **YARDS** und bomben Zug um Zug, immer wieder! Ich brauche diesen Kick. Aber es gibt noch einen Grund, der mich Nacht für Nacht hinaustreibt: Alle sollen meinen Namen lesen. Ich möchte nicht vergessen werden. Die Philosophie dahinter ist sehr simpel: Man denkt an mich, also bin ich!

RIVALS

Wir sind angriffslustig, herausfordernd, unangreifbar. Ich schlage **CUBE** und **SHAME** vor, eine neue **CREW** zu gründen. Mit »**UNITED SUBWAY WRITERS**«, kurz »**USW**«, wollen wir die Bullen auf eine falsche Fährte locken, sie ablenken und noch mal richtig draufhauen! Zu dritt ziehen wir nachts herum und sprühen an der S-Bahn-Strecke, am liebsten an der Einser-**LINE**.

Wir geben uns Mühe, knien uns voll rein und bringen ein Bild nach dem anderen an die Strecke. Aber nicht nur einfach Buchstaben, sondern richtig guten **STYLE** und richtig viel davon. An dieser Strecke haben wir die meisten **PIECES** von allen. Hier ist unser Revier. Hier regiert allein **USW**.

Es erfüllt mich jedes Mal mit Stolz, wenn ich im Zug sitze und an unseren Graffitis vorbeifahre. An der **LINE** ein paar **TAGS** zu machen, das kann jeder. Das ist keine große Kunst. Es geht darum, **STYLE** zu bringen, etwas zu bewegen. Die Einser-**LINE** ist unsere Kunstgalerie. Die Szene nimmt das wahr: Hey, da passiert was, da sind neue Bilder, und die sind richtig geil. Jeder, der hier vorbeifährt, soll Augen machen und unsere Meisterwerke bestaunen!

Aber es gibt immer wieder irgendwelche Ehrenlose, die unsere Bilder übersprühen. Das versetzt mir jedes Mal einen Stich ins Herz. Die Bilder haben für uns einen wahnsinnig hohen Wert, und Crossen ist so ziemlich das Übelste, was man machen kann. Das ist, wie einem ins Gesicht zu spucken. So etwas kann man sich nicht bieten lassen. Wenn man rausbekommt, wer es war, gibt es richtig Stress. Da muss man sofort handeln, muss dafür sorgen, dass der andere Respekt vor einem bekommt, sonst kann man seinen Namen gleich vergessen.

Einmal sprühen **CAZE** und ich an einer **HALL OF FAME** im Schlachthofviertel. Auf einmal entdecken wir einen **TOY**, der unser Bild übersprüht. »Guck dir diesen Bastard an. Ich fass es nicht.« Wir halten die Füße still, lassen ihn weitersprühen. Kurz bevor er fertig ist, statten wir ihm einen Besuch ab.

»Du Hurensohn, warum crosst du unser **PIECE**?«, schreit **CAZE** ihn an.

»Sorry, ich wusste nicht, dass das von euch ist!«

CAZE schnappt sich von ihm zwei Dosen und zerstört sein Bild vor seinen Augen mit einem großen »**CAZE**«-**THROW UP**.

»Hey, warte mal, was soll das?«, protestiert der **TOY**.

Blitzschnell verpasst **CAZE** ihm einen Magenschwinger. »Siehst du, was hier steht? ›**CAZE ABC**‹!!! Noch einmal, dann stech ich dich ab, du Spast!«

Der **TOY** macht keinen Mucks mehr.

»Und deine Dosen gehören jetzt uns!« Wir nehmen seine Tasche und hauen ab. Die Aktion zeigt direkt Wirkung: Keiner der **TOYS** traut sich mehr, einfach so unsere **STYLES** zu crossen. Sie bleiben wochenlang stehen.

Ein anderes Mal fahre ich die Strecke entlang und sehe eins meiner **PIECES** übersprüht. *Hey, welcher Bastard crosst mein Bild? Meine* **STYLES** *sind mir heilig. Wer ist* **SHORT**? *Ich bin* **CRASH**! *Mich crosst keiner!* Das riecht gewaltig nach Ärger. Gleich in der nächsten Nacht crosse ich **SHORT**. Als ich am nächsten Tag wieder die Strecke abfahre, ist alles in Ordnung – die Bilder sind eine Augenweide. Aber schon ein paar Tage später crosst mich **SHORT** schon wieder. Mit der Faust schlage ich gegen die Scheibe: *Okay, dir werd ich's zeigen!* Ein **STYLE WAR** bricht aus, und ich crosse **SHORT** mit einem fetten **SILVERSTYLE**. Diesmal bin ich fest davon überzeugt, die Sache entschieden zu haben, und fahre triumphierend die **LINE** ab. *Mit mir braucht sich keiner anzulegen!* Aber es dauert keine Woche und **SHORT** wagt es wieder, mich zu crossen.

Purer Hass kommt in mir hoch. *Wenn ich jetzt die Füße still halte, nimmt mich in der Szene keiner mehr ernst.* Ich muss mir Respekt verschaffen. Nach kurzer Zeit kann ich ihn ausfindig machen. Vor seiner Schule fange ich ihn ab. Er ist ein dürrer Kerl mit Pickelgesicht.

»Ey, **SHORT**!«

Ein unsicherer Blick trifft mich.

»Ey, du kleiner Pisser, was denkst du eigentlich, wer du bist?«

SHORT macht auf blöd: »Hä, was willst du von mir?«

»Du hast mein **PIECE** gecrosst!«

»Welches **PIECE** denn?«

»Du weißt genau, wovon ich rede!«

Nervös zieht er an seiner Kippe. Ich packe ihn an der Jacke und schreie herum, flippe total aus. »Alter, weißt du eigentlich, wer ich bin? **CRAAASH ABC**!!! Das nächste Mal schlag ich dir alle Zähne aus!« Vor seinen gesamten Schulkameraden mache ich ihn fertig. In der folgenden Nacht crosse ich **SHORT** mit einem doppelt so großen **BLOCKBUSTER**. Er zieht den Schwanz ein, und ich triumphiere.

Wenn wir Beef mit Leuten haben oder sie beim Crossen erwischen, teilen wir meistens saftige Ohrfeigen aus. Wir crossen ihre Bilder, ziehen ihnen Dosen, Stifte oder Klamotten ab. Was sie halt gerade dabeihaben. Vor allem so kleine **TOYS**, die plötzlich auftauchen, zwei, drei Bilder sprühen und sich einbilden, sie wären etwas ganz Besonderes. Die kassieren gleich eine aufs Maul. Nur so lernen sie den nötigen Respekt.

Ein ehemaliger Schulkamerad bietet mir seine Gaspistole an. Das kommt mir wie gerufen. Für ein paar Gramm Shit gehört das Ding mir. Ich denke mir: *Eine Knarre kann man immer gut gebrauchen. Die Leute sollen mich fürchten.* Ab da trage ich die Gaser fast immer bei mir.

Die Landeshauptstadt vergibt den Auftrag, einen Bauzaun zu besprühen. Es ist ein großer Auftrag, und viele bekannte Sprüher nehmen an der Aktion teil. Es geht ums Sehen und Gesehenwerden. **BOXER**, **WON** und ich sind auch am Start. Sogar Presse und Fernsehen kommen vorbei.

Kurz bevor ich mein Bild fertig habe, gehen mir die Farben aus. *Was mach ich jetzt?* **SCOT** sprüht nicht weit von mir entfernt. Ich kann den Typen nicht ausstehen. Er ist total eingebildet und bekannt dafür, dass er ungern etwas hergibt. Ich gehe zu ihm hinüber. Die Gaser steckt gut sichtbar vorne im Hosenbund.

»Ey, **SCOT**, ich brauch Dosen von dir.«

»Leider brauch ich die Farben selbst.«

»Alter, das war keine Frage! Ich brauch Kannen.« Dabei halte ich provokant den Griff meiner Knarre fest.

Erst jetzt checkt er es. Mit finsterer Miene sieht er mich an. »Weißt du was, nimm dir einfach, was du brauchst!«

Das lasse ich mir nicht zweimal sagen und greife kräftig zu. Zufrieden gehe ich wieder zu den anderen rüber. »**BOXER**, guck mal!« Ghettofaust. »Ich wusste, dass er keine Eier in der Hose hat.« Wir fangen an zu lachen, sprühen zu Ende und schießen unsere Fotos.

Ich bin noch lange kein **KING**, aber mein Name ist in der Szene ein Begriff. Doch mein Hunger nach **FAME** nimmt täglich zu. Ich hänge ständig am **CORNER** rum, laber mit den anderen, sorge für Action. Einigen **WRITERN** jage ich bewusst Angst ein, bedrohe sie mit der Gaser. Die Leute bekommen mächtig Respekt vor mir, meine **PIECES** bleiben lange stehen. Dadurch werde ich immer berühmter und verschaffe mir einen noch größeren Namen. Auch wenn es viele **WRITER** nicht zugeben: Jeder will auf der **FAME**-Leiter immer weiter nach oben. Ich auch.

FAST AND FURIOUS

Auf dem Weg zu einer Party lerne ich eine Clique aus Pasing kennen. Wilde, abgerissene Typen mit halblangen, fettigen Haaren, kaputten Sneakers, zerrissenen Hosen, und alle ziemlich dicht. Ich sitze mit ihnen zusammen in der S-Bahn, und wir schwenken das Bier. Auf einmal holen sie Halstücher heraus und vermummen sich. *Was machen die denn jetzt?* Zwei von ihnen gehen zur Tür rüber und drücken sie mit dem Fuß auf. Der Rest der Bande klettert aus dem Zug. Sie ziehen sich bei über 100 km/h auf das S-Bahn-Dach. Ja, wirklich! Sie klettern außen am Zug entlang und ziehen sich aufs Dach. Das ist *Fast and Furious* live!

Die Fahrgäste sind geschockt, springen auf und flüchten schreiend ins nächste Abteil. Den Pasingern ist das wurst.

Auch mir klappt vor Schreck der Unterkiefer herunter. Ich kann nicht glauben, was ich da gerade erlebe. Sie sehen noch aus wie Bubis, aber sie sind furchtlos und haben es voll drauf.

Außen am Zug hängend, taggen sie die Scheiben voll. Die Jungs sind in ihrem Element, grölen laut auf und zeigen den vorbeifahrenden Autos den Stinkefinger. Einer von ihnen heißt **SHAME**, ein kleiner, aber sehr wendiger Kerl. **SHAME** klettert auf dem Zug herum wie ein Affe. Ich merke ihm an, wie das Bock macht.

Kurz vor der nächsten Station bremst der Zug plötzlich scharf ab und gerät ins Stocken. Der Schaffner hat was spitzgekriegt. So schnell sie können, schwingen sich alle wieder in den Wagen. Völlig geschockt ruft **SHAME**: »Am Bahnhof stehen die Bullen!« Wir drücken noch mal die Türen auf und schauen hinaus. Tatsächlich: An der S-Bahn-Station warten ein Dutzend Bahnbullen. »Nein! Was machen wir jetzt?« Panik bricht aus, alle rennen wie blöd durcheinander. Der Zug ist nur noch hundert Meter vom Bahnhof entfernt. »Wir müssen springen!« Ich sehe, wie **SHAME** die Türen auf der anderen Seite aufreißt und die Lage checkt. Kurz bevor die S-Bahn zum Stehen kommt, springt er ab. Wir schauen es uns an. Ein paar Steine, ein bisschen Gebüsch, dahinter eine steile Böschung. »Los, jetzt!« Alle springen. Wir knallen voll hin, rappeln uns auf und rennen los. Die Polizisten laufen uns hinterher: »Hey, sofort stehen bleiben!« Adrenalin, Herzrasen, Panik. Es ist eine ganz enge Kiste. Doch die Pasinger kennen sich hier gut aus – im Gegensatz zu den Bahnbullen. Schnell können wir sie abhängen und entkommen in der Dunkelheit.

FALLING DOWN

Ein paar von uns drehen voll auf und haben einfach nur Bock auf Action. Es ist schon spät. Dann der geniale Einfall: »Hey, lass uns surfen!« Gesagt, getan. **MONEY** drückt mit dem Fuß die Türen auf. Die Fahrgäste sind völlig geschockt, schreien auf. Uns lässt das kalt. Schon hängen wir draußen und haben richtig Spaß. **SHAME** ist der Geschickteste. Er hängt sich zuerst an die Dachrinne und schwingt sich gleich hoch aufs Dach. **CUBE** und ich halten uns am Fenster fest, ziehen uns langsam hoch. Der eisige Wind schneidet uns ins Gesicht. Mein Herz fängt an zu rasen. Adrenalin pur. Wir grölen laut auf, surfen auf dem Zug Richtung München-Fasanerie. Lichter des Schienen- und Straßenverkehrs sausen an uns vorbei. Sonst ist es stockdunkel. Als wir dem Bahnhof immer näher kommen, müssen wir wieder in die S-Bahn klettern. Ich bin nervös. Jetzt muss alles schnell gehen. Geschafft! Schon sind wir wieder drin. Große Freude. »Yeah, gib fünf, Digga, krass, Mann!« Ein paar Sprüche, und schon schnappen die Türen zu.

»Hey, wo ist **SHAME?**«, frage ich die beiden anderen.

»Der ist noch oben.«

»Nein, oben ist er nicht.«

»Was? Alter, mach jetzt keinen Scheiß. Er war doch an deiner Seite.«

Wir schauen uns verstört an. Gänsehaut. **MONEY** drückt noch mal die Türen auf und brüllt wie verrückt: »**SHAAME!**« Keine Antwort. Es ist ein schrecklicher Augenblick.

Der Zug kommt zum Stehen. Wir reißen die Türen auf und stürmen aus der S-Bahn, die Schienen entlang, wieder zurück

Richtung Moosach. Es ist eiskalt. Wir sind dick eingepackt: Handschuhe, Kapuzenpulli und Daunenjacke. An den Gleisen kann man fast nichts erkennen. Wir rennen auf den Schwellen, nehmen jede zweite oder dritte, um nicht aufs Maul zu fliegen. Nach einigen Kilometern sehen wir die Lichter vom Bahnhof. Wir laufen und laufen, können fast nicht mehr. Dabei immer wieder dieselben Gedanken: *Was ist mit* **SHAME**? *Lebt er noch? Es hätte jeden von uns erwischen können. Warum gerade ihn?* **CUBE** läuft voraus: »Los, weiter, kommt, macht schon!«

Auf einmal sehen wir den ganzen Boden mit weißen Federn übersät. Wir gucken uns an. Mir läuft es kalt den Rücken hinunter. »Das sind die Daunen von **SHAMES** Jacke!«, schreie ich. Sie sind überall verteilt. Wir gehen weiter. Einige hundert Meter weiter finden wir seinen Schuh. Jetzt bekomme ich richtig Panik. Wir fangen an, das Gelände abzusuchen, und rufen immer wieder laut: »**SHAME**, **SHAAAME**, wo bist du?« Totenstille. Wir sind total fertig mit den Nerven.

Auf einmal hören wir ein Rascheln im Gebüsch. »Da war was! Schnell, kommt her, da ist er!« **SHAME** liegt im Graben neben den Schienen, zusammengerollt, das Gesicht am Boden. **MONEY** fragt mit ängstlicher Stimme: »Ist er tot?« Ich drehe ihn langsam zu mir. **SHAME** starrt mich an, als wäre ich ein Gespenst. Er zittert am ganzen Körper, steht unter Schock. »Hey **SHAME**, was ist los, alles okay?« Sein Gesicht ist kreideweiß. Sein Kopf blutet wie wahnsinnig. Als ich die Kapuze zurückschiebe, sehen wir seinen Schädel. »Er ist mit dem Kopf aufgeklatscht«, stelle ich voller Entsetzen fest, »und seine Kopfhaut ist weggerissen.«

Die Situation überfordert uns. Ich weiß nicht mehr weiter. **MONEY** macht den Vorschlag, einen Krankenwagen zu holen.

»Spinnst du? Weißt du, was hier los ist, wenn du den Krankenwagen rufst? Dann kommen auch die verdammten Bullen!«, brülle ich ihn an.

»Scheiße, was machen wir bloß?«

»Wir bringen ihn hier weg. Los, helft mir.«

Zu dritt versuchen wir ihn aus dem Graben zu wuchten und aufzurichten. Er bricht sofort wieder zusammen. »Komm, **SHAME**, du schaffst das, lass uns nach Hause gehen.« Alle Versuche scheitern. Es bleibt uns nichts anderes übrig, als den Notarzt zu rufen. **MONEY** rast zur nächsten Telefonzelle und setzt einen Notruf ab.

Es dauert nicht lange und wir hören laute Sirenen aufheulen. Mit Blaulicht rücken Polizei und Krankenwagen an. Es ist wie im Film, nur real. Kurz bevor sie eintreffen, machen wir aus, den Sanitätern zu erzählen, **SHAME** wurde von Albanern überfallen und zusammengeschlagen. Aber wegen **SHAMES** schwerer Verletzungen nehmen sie uns das nicht ab. Die Polizei verhaftet uns. Ab aufs Revier. Als wir verhört werden, kommt ziemlich schnell die Wahrheit ans Licht. Jeder macht eine Aussage und erzählt, was passiert ist. Kurz danach lassen sie uns wieder laufen. **CUBE** und ich fragen die Polizisten noch, wo **SHAME** eingeliefert worden ist. Noch in derselben Nacht fahren wir ins Schwabinger Krankenhaus.

SHAME liegt auf Intensiv. Im Krankenhaus suchen wir den Stationsarzt, um zu erfahren, wie es **SHAME** geht. Dabei fangen wir noch einmal an, über alles zu sprechen. »Was ist, wenn **SHAME** draufgeht?« Ich weiß nicht weiter, kriege voll die Panik. Wir können es einfach nicht fassen, was passiert ist. Die ganzen letzten Monate ist es immer gut gegangen – und jetzt hat es einen von uns erwischt. Damit hat keiner gerechnet.

Nach langem Warten kommt ein Krankenpfleger aus der Station: »Es steht sehr schlecht um euren Freund. Wir wissen nicht, ob er die Nacht überleben wird.« Vom Stationsarzt erfahren wir später, dass **SHAME** einen Schädelbasisbruch hat. Auch seine Hüfte und sein rechtes Sprunggelenk sind zertrümmert. »Ihr könnt froh sein, dass er noch am Leben ist. Im Moment können wir nichts für ihn tun, außer abzuwarten.« Dabei sieht er uns sehr ernst an. Dann dreht er sich um und geht zurück auf die Station.

Auf diese schlechte Nachricht müssen wir uns draußen erst mal einen dübeln, um runterzukommen. Aber schnell merken wir, dass das auch nicht weiterhilft. Der Schock steckt zu tief in den Gliedern.

Es ist schon früh am Morgen. Irgendwann trennen wir uns. Auf dem Nachhauseweg habe ich permanent die Unfallbilder vor Augen. *Warum machen wir so eine kranke Scheiße und riskieren unser Leben?*

Weil es eben nicht nur um Spaß und Action geht. Wir wollen etwas Besonderes sein, wollen Anerkennung. Immer höher hinauf, bis wir eines Tages die **KINGS** sind. Das ist unser Ziel. Aber fast wäre **SHAME** dabei draufgegangen!

Nach zwei Wochen wacht **SHAME** aus dem künstlichen Koma auf. Es vergehen Monate, bis er entlassen wird. Doch es dauert nicht lange und wir ziehen wieder los, machen da weiter, wo wir aufgehört haben: surfen, schlägern, kiffen, klauen, bomben. Und trotzdem ist es nicht mehr so wie vorher.

Auf YouTube kannst du dir ein Video von uns ansehen: »S-Bahn Surfer in München 90er Jahre«.

HTTPS://WWW.YOUTUBE.COM/WATCH?V=OPMKWMHXHVM

NAZIS

Unterwegs zu einem Konzert machen wir schlechte Erfahrung mit Einheimischen. Wir haben uns verirrt und sind auf einmal irgendwo in der Pampa. »Basqua, frag mal nach, wo wir hinmüssen«, sagt **BOXER**. Ich gehe in ein kleines Wirtshaus und frage die Bedienung nach dem Weg. Wirtin, Kellnerin und Gäste gaffen mich an, als wäre ich ein Affe.

Die Bedienung: »Duat mia leid, des woas i net.«

»Aber das muss hier ganz in der Nähe sein.«

Da ruft einer vom Stammtisch herüber: »Host du net ghert, wos di Frau gsogt hot? Des kennt koana, und jetza schleichst di!«

»Ja, ja, schon okay ...«

Da ist es wieder, dieses »Scheiß-Ausländer-Feeling«. Stinksauer verlasse ich das Lokal. Ich erzähle den anderen, was gerade passiert ist. Vor der Tür steht ihr schöner Vereinsbus. »Na wartet, ihr dreckigen Nazis, euch werden wir's zeigen!« Ich verschwinde im Dunkeln und bombe den Bus von vorne bis hinten voll. **BOXER** zieht sein Schnappmesser raus und sticht einigen parkenden Autos die Reifen platt. *Pfffffffff.* Es zischt nur so heraus. Innerhalb von Sekunden liegen sie flach. »Das war's!« Zufrieden und gut gelaunt ziehen wir ab.

HORRORTRIP

Für einen Graffiti-Auftrag sind wir für mehrere Tage in Passau. Eines Abends pfeifen wir uns LSD ein. Dieses Erlebnis werde ich niemals vergessen. Wir durchstreifen die Altstadt. Langsam spüren wir den Trip. An jeder Ecke bleiben wir hängen, müssen uns über alles und jeden totlachen. Teilweise so heftig, dass wir uns krümmen vor Schmerzen. Auch aus dem Staunen kommen wir nicht mehr heraus. »Boah, guckt euch die Blumen an!«, oder: »Hey, schnell, gib dir mal die krasse Biene!« Farben, Gerüche und Geräusche sind total intensiv.

Die Stadt ist voller gewaltiger Bauwerke. Durch das LSD wirken die total überdimensioniert. Plötzlich bilde ich mir ein, durch Rom zu laufen, und höre alle italienisch sprechen. Ich fange an, komische Dinge zu sehen. Dinge, die nicht von dieser Welt sind. Die Wirkung des Trips ist anders als sonst. Ich bekomme ein mulmiges Gefühl. Eine innere Stimme sagt mir: »Das war keine gute Idee.«

CUBE und ich bleiben vor einem Plakat hängen. Darauf ist ein seilhüpfendes Mädchen zu sehen. Auf einmal lächelt sie uns zu. Das Bild fängt an, sich zu bewegen. Wir müssen loslachen und steigern uns voll rein. Sie springt und springt, immer höher und wilder. **CUBE** und ich liegen am Boden vor Lachen, kriegen keine Luft mehr.

Auf der Straße sprechen uns seltsame Figuren an. Während wir uns mit ihnen unterhalten, traue ich meinen Augen nicht, denn ich bekomme plötzlich Wahnvorstellungen. Bei einem von ihnen wachsen auf einmal die Ohren und die Nase. Sie sind lang gezogen wie bei einem Esel. Beim anderen stehen die Augen heraus, als wäre er ein Fischkopf. Die Straßenbeleuchtung taucht das Ganze in eine Art Schwarz-Weiß-Film. Ich drehe völlig ab und glaube wirklich, dass vor uns sprechende Tiere stehen.

Leise flüstere ich **BOXER** ins Ohr: »Siehst du die Fratzen?« Wir schauen uns verstört an. Der Blick verrät alles. Er sieht sie auch – sie sind real. Für eine Nacht sind wir zwei Seelen in einem Körper. Wir spüren, sehen und hören genau dasselbe. Die verzerrten Fratzen jagen mir schreckliche Angst ein, und ich will nichts wie weg. Ich ziehe **BOXER** am Ärmel. »Bitte lass uns weitergehen, ich halte es hier nicht länger aus.« Abrupt gehen wir weiter. »Hey, was ist los mit euch?« Kein Kommentar.

Stundenlang irren wir durch die Altstadt, haben komplett die Orientierung verloren. Unterwegs sehen wir finstere Dinge, schieben den totalen Film, bleiben voll hängen. Der Trip fährt mir immer schräger ein. Irgendwann stehen wir mitten in einer Schlossanlage hoch oben über der Stadt. Einer von uns stellt sich auf die Schlossmauer und fängt wie wahnsinnig an zu schreien: »Hallo! Ist da jemand?« Es dauert nicht lange und wir brüllen zu viert hinunter ins Tal. Über eine Stunde lang schreien wir uns die Seele aus dem Leib. Alle sollen hören, dass wir existieren.

Die ersten Sonnenstrahlen sind am Horizont zu sehen. Völlig kaputt und abgeschlagen machen wir uns auf den Weg zurück. Das LSD wirkt sich stark auf meine Psyche aus und steigt mir zu Kopf. Die anderen kriegen mit, dass ich immer schlechter drauf komme. Sie versuchen mich aufzumuntern, aber keine Chance: Dunkle Gedanken ziehen mich weiter nach unten. Mein Trip wird zum Horrortrip. Tausend Fragen platzen aus mir heraus, und ich kann nicht länger schweigen.

»Wie geht es weiter? Was ist, wenn unsere Freundschaft zu Ende geht? Werde ich auch ohne euch Erfolg haben? Wer erinnert sich in fünfzig Jahren noch an uns? Was hat das alles für einen Sinn?«

»Mann, hör doch auf, dich verrückt zu machen«, sagt **WON.** »Versuch einfach positiv zu denken.«

Schon geht die Diskussion los. Aber sie führt zu nichts und bringt mich nur noch schlechter drauf. Die anderen versuchen, mich zu beruhigen. Es gelingt ihnen nicht.

»Mach dir keine Sorgen. Irgendwie wird's schon weitergehen«, meint **BOXER**.

Ihre Antworten helfen mir nicht – sie haben selber keine. Es wird schlimmer und schlimmer. Ich gerate außer Kontrolle. Diese Hoffnungslosigkeit macht mich fertig, und ich weine los. Dinge, die ich lange verdrängt habe, kommen wieder hoch. Krampfhaft suche ich nach Sicherheit im Leben, kann sie aber nicht finden. Auch mein Vater fehlt mir. Ich muss Drogen nehmen, um diese unvorstellbare Leere in meinem Herzen zu vergessen.

METROPOLIS

Es ist Samstagabend in München. Eine ganze Meute von uns zieht los Richtung Schwabing. Dort findet im »Metropolis« eine große Studentenparty statt. Einige meiner Freunde sind schon ziemlich angesoffen und drehen voll auf. Wir wollen Spaß und haben einfach nur Bock auf Action und Randale. Als wir im Club ankommen, ist vor dem Eingang ein Riesenansturm. Es wird gedrängelt und geschubst. Alle wollen auf die Party. Doch der Türsteher winkt den Leuten ab: »Hier geht nichts mehr. Die Halle ist voll!« Viele müssen draußen bleiben. Die ersten fangen an, Stress zu machen, beschimpfen die Türsteher.

Einer von uns kennt sich auf dem Gelände gut aus und zeigt uns einen versteckten Eingang. Über den Notausgang gelangen wir doch noch auf die Party – ohne einen Pfennig zu zahlen. Der DJ legt Songs aus den 70ern auf. Die Tanzfläche ist völlig überfüllt. Die Studenten feiern ausgelassen. Es fließt jede Menge Alkohol. Die Stimmung ist gut. Viele sind schon sehr angetrunken und schwanken. Beim Tanzen rempelt ein Student meinen Freund Ömer an. »Hey, verpiss dich, du Prolet!« Es kommt zur Rangelei. Wir gleich hin. Versuchen, die beiden auseinanderzubringen. Die Situation ist kurz davor zu explodieren, aber irgendwie kriegen wir die Sache noch mal unter Kontrolle.

Etwas später ist Karaoke angesagt. Ömer hebt das Feuerzeug in die Luft und singt laut und voller Leidenschaft mit. »Yesterday, love was such an easy game to play. Now I need a place to hide away. Oh, I believe in yesterday …«

Wie aus dem Nichts verpasst der Student von vorher Ömer voll einen Kick ins Gesicht. Ömer geht für einen Moment zu Boden. Plötzlich springt er den Typen wie eine Wildkatze an und schlägt ihn zusammen. Freunde kommen dem Studenten zu Hilfe, gehen auf unseren Kumpel los. Und dann geht es richtig ab. Drei von uns gleich drauf. Es fliegen die Fäuste. Immer mehr Leute mischen mit. Alles geht so schnell. Ich schnapp mir jeden, den ich kriegen kann. Innerhalb von wenigen Minuten bricht eine Massenschlägerei aus.

Der DJ versucht die Menge über das Mikro zu beruhigen. Keine Chance! Totales Chaos bricht aus. Wir nehmen den ganzen Laden auseinander, zertrümmern Stühle und Bänke, werfen Flaschen und andere Gegenstände auf die Herumstehenden. Um uns bildet sich ein riesiger Kreis. Frauen laufen kreischend durch die Halle, müssen mit ansehen, wie ihre Kommilitonen vermöbelt werden. Es ist eine Massenschlägerei wie aus einem Wildwestfilm. Von allen Seiten kommen Leute angelaufen und prügeln sich vom Feinsten.

Plötzlich hört die Musik auf zu spielen. Bullensirene im Hintergrund. Einer ruft laut: »Schnell, wir müssen abhauen!« Eine Streife kommt an. Sie kriegen die Situation aber nicht unter Kontrolle und fordern Verstärkung an. Währenddessen können wir alle über den Notausgang abhauen. Überall Blaulicht und Sirenengeheule. Jetzt kommt ein Polizeiwagen nach dem anderen. Ungefähr zehn Sixpacks und andere zivile Streifenwagen stehen da. Doch wir sind längst über alle Berge.

BACK IN TOWN

Wenn ich mit **SHAME** und **MONEY** abhänge, erzähle ich ihnen oft, wie traumhaft es auf Sizilien ist. »Ey, Jungs, kommt doch mal mit runter, Urlaub machen!« Also fahren im August 1992 **SHAME** und **MONEY** mit nach Balestrate. Es ist das Jahr, in dem der Mafia-Jäger Giovanni Falcone mit fünfhundert Kilo Sprengstoff in die Luft gejagt wurde.

Vierundzwanzig Stunden sitzen wir im Zug, im Gepäck zwei große Sporttaschen voller Dosen. Aus Langeweile stellen wir eine Menge Blödsinn an. Wir klettern im Abteil herum, surfen am Fenster, rauchen Gras, bomben die Toiletten voll. Irgendwie müssen wir die Zeit rumkriegen.

Auf dem Weg nach Balestrate sehen wir ein Stück frisch geteerte Autobahn. »An dieser Stelle wurden vor ein paar Monaten Falcone und seine Leibwächter ermordet«, erzählt uns der Taxifahrer. **SHAME** und **MONEY** schauen sich geschockt an. »Willkommen auf der Mafia-Insel«, sage ich zum Spaß und smile sie dabei an.

Den ganzen Sommerurlaub hindurch wollen wir nur sprühen, sprühen, sprühen. Als wir endlich ankommen, kann ich es gar nicht abwarten, **SHAME** und **MONEY** das Meer und die ganze Ortschaft zu zeigen. Abends ist es noch sehr warm. Es sind diese typischen sizilianischen Nächte. Überall Leute, Verkäufer, Kinder – alle sind auf der Straße unterwegs! **SHAME** und **MONEY** staunen nicht schlecht, als sie sehen, wie es hier abgeht. Wir setzen uns in die nächste Eisdiele, beobachten den Trubel und genießen ein Mega-Eis. Hier ist es ganz anders als in München. Heißes Klima, frische Meeresluft, alte Häuser, nächtlicher Lärm, chaotische Umstände, verbeulte Autos – das ist Balestrate. Meinen Freunden gefällt es hier.

Unauffällig machen wir in einer Seitenstraße ein paar **TAGS**, dann ein **THROW UP**. Schnell merken wir, dass in der Ortschaft nie jemand auf den Gedanken kommen würde, hier Graffitis zu sprühen. Also legen wir schon in der nächsten Nacht los. Und dann fast jede Nacht. Wir ziehen durch den Ort, suchen uns die besten **HOTSPOTS** und bomben Häuser, Brücken, Bahnhöfe, Sportplätze und die Strandpromenade einfach zu. Alles klappt problemlos. **SHAME** sprüht die **CHARACTERS**, ich die Schriftzüge. **MONEY** hilft beim Ausfüllen und steht Schmiere.

FIRST TRAINS

Es dauert nicht lange und wir beschließen, uns einen Zug vorzunehmen. Fest davon überzeugt, dass es hier im **YARD** ähnlich abläuft wie in München, fahren wir nach Alcamo, dem nächsten größeren Bahnhof. Trotzdem wollen wir kein Risiko eingehen und übernachten in einem Güterwaggon. Da drinnen bekommen wir kein Auge zu. Es ist heiß, stickig und unbequem. Straßenhunde bellen wie verrückt. Insektenstiche überall. Mitten in der Nacht schleichen wir uns zu den Zügen.

Mit einem Fernglas beobachten wir den Bahnhof. Einige Gestalten laufen auf und ab. Jetzt sieht es gut aus, sie sind außer Reichweite. Wir schleichen uns zu den Zügen. Vorsichtig fangen **SHAME** und ich an zu sprühen. Zwischendurch hören wir kurz auf, sehen nach, checken die Lage. Alles bleibt ruhig. In großen Lettern schreibe ich »**FUCK THE SYSTEM**«. **SHAME** sprüht links und rechts seine **CHARACTERS**. Durch den leichten Wind und das warme Klima trocknet die Farbe schnell, das ist die **NO-DRIPS**-Garantie. Weil der Zug höher ist als die Münchner S-Bahnen, muss uns **MONEY** öfters auf die Schultern nehmen. Er kann sich am nächsten Tag fast nicht mehr bewegen. Im Schein der Laterne füllen wir die Buchstaben aus. Dann zieht jeder seine **OUTLINES**. Zum Schluss kommen noch **HIGHLIGHTS** und **SHINING STARS**.

Es ist frühmorgens, als wir fertig sind – und immer noch ist es angenehm warm. Wir machen unzählige Actionfotos, posen wie **KINGS** vor unserem ersten **END-2-END**. Am Bahnhof warten wir auf den ersten Zug. Total kaputt, aber überglücklich fahren wir nach Hause.

»Wahrscheinlich haben wir diese Nacht den allerersten **END-2-END** auf ganz Sizilien gesprüht! Digga, ich komm mir vor wie Christoph Columbus«, sage ich zu **SHAME** und **MONEY**. »Das bringt uns **FAME** für die Ewigkeit.«

Für mich ist diese Vorstellung der Wahnsinn. Das reicht mir. Mehr brauche ich nicht. Jetzt könnte ich wieder nach Deutschland fahren und sterben.

Aber schon ein paar Tage später ziehen wir wieder los. »In der Nacht war alles safe. Lass es uns am Tag versuchen«, schlägt **SHAME** vor.

Mittlerweile haben wir schon etwas mehr Erfahrung und können die Situation besser einschätzen. Kurz darauf fahren wir wieder ins **YARD**, diesmal während der Mittagszeit. Wachsam schauen wir uns um und checken, ob irgendwo Bahnarbeiter sind. Keiner da! Ungestört bemalen wir die Züge, machen **TAGS** und Actionfotos. Es ist so heiß, dass wir ohne T-Shirt sprühen. Wieder rocken wir die **TRAINS**, wieder fühlen wir uns wie **KINGS**, wieder träumen wir von großem **FAME**.

LIMIT

Durch unsere Zeit auf Sizilien machen wir in unseren Skills einen riesigen Schritt nach vorn. Die Qualität unserer **STYLES** und **TAGS** steigert sich. Wir sind noch besser, noch professioneller. An der **HALL** zeigen wir, was wir draufhaben, und malen ein dickes **PIECE** nach dem anderen. Die **STYLES** sind gekonnt, voller Schwung, Leben, Dynamik. Das merken auch die anderen **WRITER**. Mein Name wird in der Szene mehr und mehr zu einem Begriff. Manchen gefällt mein **STYLE** so gut, dass sie anfangen, ihn zu kopieren. Aber ich gebe mich damit nicht zufrieden. Ich will noch mehr **FAME**. Mein Name soll noch bekannter werden – egal wie.

In der *Kulturstation* läuft eine große Hip-Hop-Jam mit DJs, MCs, Breakern und **WRITERN**. Als **CUBE**, **SHAME** und ich auf die Party kommen, ist schon die Hölle los. Wir klinken uns ein und begrüßen unsere Leute. Große Umarmung, *Shake hands*, *High five*. Unser Auftauchen macht richtig Welle. Viele treten einen Schritt zur Seite und schauen uns respektvoll an. In der Szene haben wir unseren Ruf weg. Wir sind die Schläger, die Stress machen und randalieren. Deswegen hassen uns viele. Andere bewundern uns, weil sie wissen, dass wir hardcore sind. Für die meisten **WRITER** ist Sprühen nur Freizeitvergnügen, Hobby, aber für uns ist es das *Leben*.

Wir gehen voll ab. »Jump around, jump, jump, jump«, dröhnt es aus den Boxen. Alle springen wie wild herum. Die Stimmung ist aufgeheizt. Der DJ spielt Oldschool. Auf der Bühne wird Freestyle gerappt. Ich sehe viele bekannte Gesichter. Auch **LIMIT** ist hier. Er ist eine richtig große Nummer, hat es international zu beachtlichem **FAME** gebracht. Mir persönlich gefällt sein **STYLE** nicht besonders. Es sieht irgendwie immer gleich aus.

Auf der anderen Seite der Tanzfläche entdecke ich aber **HOT**, **CHEN** und **NOSE** von **IRA**. Denen ist durch ein paar

END-2-ENDS und einen spektakulären **WHOLE TRAIN** ein raketenmäßiger Aufstieg in der Szene gelungen. Jeder redet über ihre Action. Sie sind die neuen Stars in der Szene. Das stresst mich total. In meinen Augen sind sie nur drei Möchtegerns, die kurz da sind und dann wieder weg. Neidisch beobachte ich sie von der Seite. Der Kampf um den Thron hat begonnen.

HOT, **CHEN** und **NOSE** sind gut drauf und feiern sich. Offensichtlich genießen sie ihren **FAME**. Der Neid frisst mich auf. Das Blut kocht in meinen Adern. Ich sehe meinen Thron in Gefahr. *Ich geh jetzt zu diesen Möchtegerns rüber und schlag sie zusammen. Dann wird jeder sagen:* **CRASH** *hat die ganze* **IRA-CREW** *weggeklatscht. So wäre wieder mein Name in aller Munde.*

Ich greife nach meinem Sportbeutel voller Dosen, um sie damit in den Boden zu hämmern. Langsam gehe ich auf sie zu, den Beutel fest in der Hand. Doch genau in diesem Augenblick läuft mir **LIMIT** über den Weg. Ihn kann ich auch nicht ausstehen. Er ist so arrogant und eingebildet. Innerhalb der nächsten Sekunden ändere ich meinen Plan: *Ist doch egal, wem ich die Fresse poliere. Hauptsache, ich bekomme die ganze Aufmerksamkeit.*

Ich mache meine Schulter hart und remple ihn voll an. **LIMIT** beginnt aufzumucken: »Hey, spinnst du, was soll das …?!« Bevor er den Satz beenden kann, schlage ich ihm den Beutel richtig hart über den Kopf. *Baam!* Schnell noch einen hinterher. *Baamm!* **LIMIT** bricht sofort zusammen und schreit laut auf. Ich verliere vollständig die Kontrolle, packe **LIMIT** an den Haaren, schleife ihn durch den Vorraum und stiefele voll auf ihn ein. Plötzlich halten mich zwei Typen von hinten fest und reißen uns auseinander. Schnell verpasse ich ihm noch eine letzte Faust.

LIMIT liegt am Boden und schreit weiter wie am Spieß. Alle drehen sich zu uns um und gucken entsetzt. »Was ist da los?« Schnell bildet sich eine große Traube. Ohne nachzudenken, stürme ich durch die Menschenmenge raus auf die Straße. Ich höre die Leute rufen: »Wer war das?«

»**CRASH**! Da läuft er. Los, hinterher!« Sie wollen mich schnappen und verprügeln. Aber **SHAME** ist bei mir. Er kennt sich auf dem Gelände aus. Wir finden ein super Versteck hinter dem Haus und verschanzen uns. Die Leute hetzen brüllend an uns vorbei: »Wo stecken sie? Wir müssen **CRASH** erwischen.« Wie durch ein Wunder finden sie uns nicht.

Die nächsten Wochen ist das große Schwitzen angesagt. Was wird passieren? **LIMIT** kennt unzählige Leute, ist in der Szene eine Legende. Vielleicht hat er Rache geschworen und ein paar Schläger auf mich angesetzt. Ich bin darauf vorbereitet, habe meine Gaser dabei und warte ab, was passiert. Aber es passiert gar nichts. Ganz im Gegenteil. Die Aktion verschafft mir großen **FAME**. In der Szene gibt es nur noch ein Thema. Mein Name ist in aller Munde. Einige zollen mir dafür dicken Respekt, andere hassen mich. Egal wie, der **FAME** ist mir sicher. **BOXER** lobt mich: »Gut gemacht, **CRASH**. Der hat schon lange eine aufs Maul gebraucht!« Sein Lob gibt mir Anerkennung. Es geht um alles. Jeder will Respekt, jeder will **FAME**, jeder will den Thron. Es ist kein Spaß mehr. Jedenfalls nicht für mich.

NICE TRIPS

Die Arbeit interessiert mich überhaupt nicht mehr. Ich mache ständig blau und toure mit **WON**, **BOXER** und **CUBE** kreuz und quer durch Deutschland. **WON** hat einen alten Opel Kadett, das älteste Modell, das es gibt. Komplett orange. Jeder von uns wundert sich, dass die Kiste überhaupt noch fährt. Aber **WON** ist einer, der sein Zeug hegt und pflegt. Die Kiste fährt und fährt und fährt.

Wir packen unsere Dosen ein und tuckern gemütlich mit 90 km/h von einer Stadt zur anderen. Wochenlang auf der Piste. Immer unterwegs, überall sprühen, krasse Abenteuer erleben, neue Leute kennenlernen, alte Freunde besuchen. Einmal fahren wir sogar bis nach Bremen – das ist fast so schlimm wie runter nach Sizilien. Kaputt und übernächtigt treffen wir die **WRITER** dort. Als wir dort einlaufen, ist es für sie wie eine Erscheinung. **ABC** ist gelandet. Die Elite kommt in ihre Stadt. Sie haben auf uns gewartet, sind ganz scharf auf die Münchner. Beim Frühstücken erzählen wir ihnen, was bei uns in der **WRITER**-Szene abgeht. Die Bremer sind wie gelähmt, als sie das hören. Im Gegensatz zu München ist das, was hier läuft, wie in einem Provinzstädtchen.

Wir chillen mit ihnen rum, zeichnen, quatschen, kiffen. Tagsüber machen **WON**, **BOXER**, **CUBE** und ich Bilder an ihrer **HALL OF FAME**, zeigen ihnen, was wir draufhaben. **WON** malt wieder einige absolut fotorealistische **CHARACTERS**, und **BOXER** macht aus dem Kopf einen **FREESTYLE**, der sich gewaschen hat. Auch **CUBE** und ich zaubern mit den Dosen einen edlen **STYLE** an die Wand. Ihnen fliegen die Augen heraus. Sie können es nicht fassen, dass wir einfach aus dem Kopf so einen guten **STYLE** bringen. Das sind die gar nicht gewöhnt. Ohne **SKETCH** einen richtigen Burner an die **HALL** zu sprühen.

Nachts fahren wir mit den Bremern durch die Gegend, lassen uns die **YARDS** zeigen, bomben alles zu.

Meistens halten wir uns nur ein paar Tage in einer Stadt auf. Wenn wir keinen Bock mehr haben, fahren wir einfach weiter. Mal hierhin, mal dahin, sind in Würzburg, machen in Heidelberg Station. Fahren weiter Richtung Dortmund zu **ATOM** und **COLE**, zwei richtig krassen Hardcore-**BOMBERN**. Und dann rüber nach Berlin. Unterwegs machen wir ein Ding nach dem anderen, hinterlassen in jeder Stadt unsere Visitenkarte. Sprühen überall unsere Bilder, ernten richtig **FAME**. Das Wetter passt, die Stimmung ist gut und die Leute sind geil drauf. Was für ein Sommer. Alles ist perfekt.

Nach Berlin fahren wir besonders gern, weil es da am heftigsten abgeht. Zu den **WRITERN** bauen wir eine enge Freundschaft auf. Mit ihnen bringen wir richtig krasse Action, gehen in die Tunnels rein, wo die U-Bahnen stehen. Überall, wo die Berliner aufkreuzen, machen sie Randale. Sie sprühen Wände an, bomben alles zu, prügeln sich, klauen Fahrräder, klauen die Läden leer, kiffen überall, liefern sich mit Bullen Straßenschlachten. Berlin ist geil. Es herrschen anarchistische Zustände. Hier macht jeder, was er will.

Die **WRITER** geben uns das Gefühl, zu ihrer Szene zu gehören. Da fühlt man sich wohl, muss sich keine Gedanken machen, wo man schlafen kann oder wie man an Dosen kommt. Wir treffen **AMOK**, Adrian, **ODEM** und die **GHS**-Gang, sind ständig *on the run*. Besonders **DEKOR** bringt uns große Gastfreundschaft entgegen. Er lädt uns zum Essen ein, zeigt uns in Berlin die besten **HALL OF FAMES**, und wir pflastern überall unsere **PIECES**. Unsere Tour ist wie ein Siegeszug durch ganz Deutschland, der totale Triumph.

SCHLECKER

Nach meiner Ausbildung wird mein Leben immer chaotischer. Schule und Arbeit haben mir bis dahin einen gewissen Halt gegeben. Der fällt jetzt komplett weg. Ich stürze noch krasser ab, nehme mehr Drogen als je zuvor. Meine Gedanken kreisen nur noch um dieselben Dinge: Drogen, Geld, Dosen, Sprühen, Mädchen.

Wir wissen nicht, was wir Sinnvolles mit unserer Zeit anfangen sollen, hängen fast den ganzen Tag an der Bushalte ab – und kommen dabei auf viele dumme Ideen. An einem einzigen Tag stellen wir so viel Blödsinn an, dass man damit locker ein ganzes Buch füllen könnte. Oft haben wir Streit mit anderen. Eine komische Bemerkung, ein falscher Blick, schon knallt's.

Oft gehe ich zu *Schlecker*, um meine Filme mit den Actionfotos entwickeln zu lassen. Damit unsere **STYLES** noch besser zur Geltung kommen, gönne ich mir immer die beste Qualität. Nach drei bis vier Tagen sind sie fertig. Die Fotos bezahlen tue ich eigentlich nie.

Einmal gehen mein Freund Ben und ich mal wieder die Fotos abholen. Kurz davor haben wir noch eine Bong gezogen und stehen jetzt total benebelt im Laden. Erstaunt stelle ich fest, dass kein einziger Umschlag im Regal steht. »Häää, was geht hier ab, wo sind die ganzen Fotos?« Unauffällig gehen wir zur Kasse.

»Hallo, wir wollten fragen, ob unsere Fotos schon entwickelt sind.«

»Haben Sie den Abholschein dabei?«

Ich reiche ihr den Zettel, und die kleine dicke Verkäuferin verschwindet im Personalbereich.

»So, hier wären sie«, sagt sie und überreicht mir einen großen Umschlag.

»Okay, danke.«

»Das macht dann 39 Mark.«

»Was, so teuer?«

»Sie haben das größte Format bestellt.«

Ich packe die Fotos aus und gucke sie durch.

»Was ist jetzt, wollen Sie die Bilder kaufen oder nicht?«

»Kein Stress, ich überleg noch.« Das eigentliche Problem ist: Ich habe gar kein Geld dabei. Trotzdem will ich die Bilder unbedingt haben, denn darunter befinden sich brisante Actionfotos. »Gucken Sie mal, was das für eine miese Bildqualität ist!«, argumentiere ich. »Könnte ich es billiger haben?« In meiner Prallheit bemerke ich gar nicht, wie absurd die Frage ist.

»Was denken Sie, wo Sie hier sind? Auf dem türkischen Basar? Die Preise sind festgelegt.«

Ich schalte auf stur: »Das zahle ich aber nicht.«

»Dann kriegen Sie auch die Fotos nicht!«, meint sie genervt und nimmt sie mir wieder weg.

Ich gucke sie ganz verdutzt an. Das hätte ich der kleinen pummeligen Frau nicht zugetraut. Sofort bin ich auf 180. »Hey, gib die Fotos her«, brülle ich sie zornig an, »sonst verpass ich dir eine!« In Bruchteilen von Sekunden eskaliert die ganze Situation.

»Pasquale, komm runter, das bringt doch nix!«, versucht mich Ben zu beruhigen. Aber alles Zureden ist zwecklos, ich bin schon voll in Fahrt, will Stress machen. Das Haze legt meinen Verstand komplett lahm. Im nächsten Moment reiße ich ihr den Umschlag aus der Hand und versuche, aus dem *Schlecker* zu rennen. Doch die Frau stellt sich mir in den Weg und schreit: »Hier kommst du nicht raus!« Ich nehme Anlauf und ramme die Alte mit voller Wucht ins Regal. Kosmetikartikel fliegen durch die Luft. Die Frau knallt auf den Boden. Ben und ich springen über sie drüber und rennen die Lauinger hoch.

Während ich laufe, werde ich schlagartig nüchtern. *Bist du verrückt? Was hast du nur gemacht? Wenn die Cops die Actionfotos finden, ist es aus und vorbei!* Immer wieder derselbe Gedanke. Ich renne nach Hause, hole Geld, schwinge mich auf mein Fahrrad und fahre, so schnell ich kann, zurück zu *Schlecker*.

»Entschuldigung, es tut mir echt total leid, was gerade passiert ist. Bitte, ich möchte die Fotos zahlen.«

Die Frau steht unter Schock. Sie kann es nicht glauben, dass ich vor ihr stehe. Dann nimmt sie das Geld und sagt: »Das bringt jetzt auch nichts mehr, die Polizei ist verständigt.«

Ich schaue sie fassungslos an: »Waaaas? Wieso Polizei?? Nein!!!«

Schnell greife ich nach dem Kassenzettel. Schon bin ich wieder draußen. Ben wartet an der Straßenecke auf mich. Wir rasen mit dem Fahrrad Richtung Wald. Von überall hören wir Polizeisirenen aufheulen. Plötzlich sehen wir Streifenwagen,

Sixpacks und sogar einen kreisenden Helikopter. Ein Großeinsatz ist ausgelöst worden. Die Treibjagd hat begonnen. Wir hetzen durch den Wald. Sie kommen immer näher. Der Hubschrauber verfolgt uns. Die Cops versuchen uns den Weg abzuschneiden. Eine Streife entdeckt uns, legt eine Vollbremsung hin. In letzter Sekunde entkommen wir durch das Dickicht.

»Verdammte Scheiße, überall Bullen!« Bei all meiner Panik rutsche ich aus und fliege voll aufs Maul. Ben macht den Vorschlag, dass wir uns trennen. »Okay, vielleicht schaffen wir es dann? Also los!« Plötzlich fetzt ein Bullenwagen mit Blaulicht und Sirene an uns vorbei. Schnell geduckt. Adrenalinkick. Jetzt trennen sich unsere Wege. Ben läuft weiter in den Wald. Ich flüchte in die andere Richtung und versuche mich in der Anlage eines Altenheims zu verstecken.

Der Helikopter fliegt konstant über uns wie ein Adler über seiner Beute. Er kann uns genau lokalisieren, gibt unseren Standort weiter. Ich springe über mehrere Zäune, falle hin, stehe wieder auf, renne weiter durch die Schrebergärten, hinaus in die Freiheit.

Scheiße! Ich bin umzingelt. In einer Seitenstraße werde ich gestellt. »Stehen bleiben, das Spiel ist aus!«, schreit mich einer der Polizisten von hinten an. »Ist schon gut, ich geb auf«, sage ich und nehme die Arme hoch. Zwei Cops halten mich fest. Die anderen bewachen mich – mit Hunden an der Leine. Es folgen die Standards. Bullenadler, Abklopfen, Arme auf den Rücken, Handschellen. Dabei wirken die Cops richtig zufrieden. Der Hubschrauber kreist weiter über uns. Vom Altenheim starren die Omis aus den Fenstern, andere stehen mit ihrem Rollator auf dem Balkon und beobachten, was da gerade passiert.

Dann bringen sie mich zum Wagen, quatschen mich mit irgendeinem Mist voll. Mein Kopf wird in den Wagen geschoben, und ab geht's aufs Revier. Als die Cops absichtlich noch eine Extrarunde durch die Lauinger drehen, schäme ich mich total. Sie führen mich vor wie in einem Triumphzug. Das ist nicht die Art von Aufmerksamkeit, die ich bekommen will.

Während der gesamten Fahrt sitze ich mit Handschellen gefesselt, die Hände hinter dem Rücken. Im Revier nimmt man mir endlich die Fesseln ab. Ich spüre meine Arme nicht mehr. Sie sind vollständig eingeschlafen. Es wird über einen Monat dauern, bis die Schmerzen in der Schulter weg sind.

Ein Beamter sperrt mich zu den anderen Gefangenen. In der Zelle ist miese Stimmung. Wieder geht bei mir der Nervenkrieg los. *Wie dumm bist du eigentlich? Versager! Alles wegen ein paar bescheuerter Fotos.* Mein schlechtes Gewissen lässt mir keine Ruhe. Irgendwann kommt ein Vollzugsbeamter und holt mich zum »Fotoshooting« ab. Ich setze mich auf einen Stuhl, der sich automatisch in die richtige Position dreht. »Bitte lächeln«, sagt der Bulle etwas spöttisch. Emotionslos schaue ich in das Objektiv. Unter mir ein Schild mit meinem Namen und einer Nummer. Von allen Seiten werde ich abfotografiert. Diese Szene kenne ich aus Gangsterfilmen. Jetzt bin ich live dabei!

Danach werden Fingerabdrücke genommen. Beamte bringen mich in ein Verhörzimmer. Stundenlang werde ich wie eine Zitrone ausgepresst. Dann stecken sie mich zu den anderen Knackis. Die Zelle wird zum Angstraum. Manche von ihnen erzählen mir, warum sie in U-Haft sitzen. Ein Russe packt aus: »Ich haben einem anderen Drogendealer ins Bein geschossen.« Ich bleibe fast die ganze Nacht wach. Die Warterei macht mich wahnsinnig. Keiner kann mir sagen, wie lange ich hierbleiben muss.

Bis zum nächsten Mittag um zwölf muss ich bleiben, wie in einem schlechten Knastfilm. Als sie mich freilassen, fällt mir ein Riesenstein vom Herzen. Ich stehe draußen vor der Treppe. Erst mal den Gürtel wieder durchziehen, Schnürsenkel reinmachen.

Ich gehe Richtung Marienplatz. Von irgendwoher höre ich Musik. Völlig schwerfällig laufe ich durch die Fußgängerzone. Haare durcheinander, Jacke nicht richtig an, Hemd nicht richtig drin. Überall sind Leute, die an mir vorbeihetzen. Ich kriege voll den Hass. Plötzlich wird mir eine Sache klar: *Ob ich lebe oder sterbe, es ist doch eh jedem scheißegal.* Alles ist so sinnlos.

Auf diesen Frust hin baue ich mir zu Hause erst mal eine fette Tüte. Als meine Mutter mich fragt, wo ich mich die ganze Nacht herumgetrieben habe, sage ich nur: »Ich hab bei einem Kumpel übernachtet.« Mehr lasse ich nicht durchsickern. Aber meine Eltern erfahren es später trotzdem, weil die Bullen nämlich einen Brief nach Hause schicken und sie darüber informieren, dass eine Anzeige gegen mich läuft. Die Anklage lautet: Raubüberfall mit schwerer Körperverletzung.

Nach der Sache mit *Schlecker* lande ich noch weitere Male im Knast. Immer über Nacht, wegen irgendwelcher illegalen Aktionen. Für meine Eltern ist es jedes Mal ein Weltuntergang.

R.I.P. CHROMZ

Ab und zu organisieren Freunde von mir private Hip-Hop-Partys. Es ist dann wie bei einem Klassentreffen, wo fast jeder aus der Szene dabei ist. Die Stimmung ist richtig geil. Ein paar Leute rappen Freestyle, und DJs legen guten Hip-Hop auf. Wir tanzen, feiern und genießen unser Leben. Als wir beisammenstehen, kommt plötzlich einer angelaufen und sagt ganz aufgeregt: »Hey Leute, es ist was Schreckliches passiert.«

»Was ist los?«

»**CHROMZ** ist tot.«

Auf einen Schlag ist die Stimmung wie weggeblasen. Wir stehen alle unter Schock. Jeder will wissen, was passiert ist. Keiner hat mehr Bock, was zu starten, alle sitzen nur rum. **BOXER** trifft die Sache besonders, denn **CHROMZ** war sein erster und begabtester Schüler. Er weiß nicht mehr weiter. Sein Tod platzt mitten hinein in eine richtig geile Zeit, als die Szene neu auflebt, ständig Action ist und wir Spaß ohne Ende haben. Aber jetzt ist **CHROMZ** tot.

Später erfahren wir, dass **CHROMZ** sich das Leben genommen hat. Er hatte schon seit Längerem psychische Probleme. Auslöser war wohl die Scheidung seiner Eltern. Das hat ihm den Boden unter den Füßen weggerissen. Es kursieren viele Gerüchte um seinen Tod. Manche erzählen, dass er jeden Abend vor dem Schlafengehen russisches Roulette gespielt hat – und jetzt ist es halt passiert.

Jeden von uns nimmt dieser Vorfall total mit, jeder ist bewegt. Der Verlust eines Freundes ist schwer zu verarbeiten. Aber irgendwie beneide ich ihn auch. Er kann froh sein, weil er das Leben hinter sich hat. Diese Welt ist so ungerecht, so hoffnungslos und sinnlos. Ständig machen dir andere das Leben zur Hölle. Ich habe dieses Leben satt. Ich ertrage es nicht länger, verletzt und abgelehnt zu werden. Manchmal überlege ich mir, was ich in meinen Abschiedsbrief schreiben würde. Dann kommt diese Sehnsucht, einfach Schluss zu machen, vor den Zug zu springen und es ist vorbei.

Aber was wird aus meinen Eltern? Es würde ihnen das Herz brechen. Ihr Leben wäre für immer vorbei! Das bringe ich nicht fertig. Auch wenn wir keine gute Beziehung haben, kann ich ihnen das nicht antun. Dafür liebe ich sie zu sehr. Die Vorstellung, meine Eltern würden sich den Rest ihres Lebens Vorwürfe machen, hält mich davon ab, es durchzuziehen. Dann doch lieber totale Revolte nach außen. Die anderen meine Wut spüren lassen. Alles niederbomben, alles destroyen.

CATCHER

Es passiert auf dem Nachhauseweg. Wie gewohnt ziehe ich meinen Stift heraus und bombe ein paar saftige **TAGS**. Kurz das Abteil gecheckt. *Safe!* Die S-Bahn ist so gut wie leer. Schon lege ich los. *Bamm*, links ein **TAG**, *bamm*, rechts ein **TAG**. Bei der Gelegenheit probiere ich gleich meinen neuen, selbst gebastelten Stift aus. Die Tinte läuft nur so herunter. Hammer!

Als ich an der nächsten Haltestelle aussteigen will, springt auf einmal ein Typ mit einer schwarzen Lederjacke auf mich zu und packt mich an der Schulter. »Polizei, du bist festgenommen!«

Ich gucke ihn an, bin richtig geschockt. »Hey, was wollen Sie? Ich hab nichts gemacht.«

Er hält mir seinen Ausweis unter die Nase. »Ich hab gesehen, wie du die **TAGS** gemacht hast.«

Es geht alles so schnell, ich kann gar nicht schalten. Der Typ ist wie aus dem Nichts aufgetaucht. Dieser Überraschungseffekt knockt mich out. Vorher dachte ich immer, wenn Bullen kommen, geht's richtig ab. Prügelei, Wegrennen, Action. Aber nein, kein Stück davon. Der ist einfach gekommen, hat mich gekrallt und abgeführt. Fertig!

Der Bulle schleppt mich ab und bringt mich auf die Polizeiwache am Hauptbahnhof. Bis wir ankommen, gehen mir tausend Sachen durch den Kopf. Ich habe keinen Bock auf diesen ganzen Stress, wieder in der Zelle zu sitzen und eine Anzeige zu kassieren. Vielleicht finden sie heraus, wer ich bin, und hängen mir die ganze Sache mit den illegalen Graffitis an. Was wird dann?

Stundenlang werde ich verhört. Nachdem die Bullen merken, dass sie aus mir nichts rausbekommen, rufen sie den Staatsanwalt an. Durchsuchungsbefehl! Auch der leitende Kommissar der Graffiti-Soko wird verständigt.

Mit mehreren Streifenwagen fahren wir Richtung Lauinger. Vor Panik zittern mir die Knie. *Wenn sie mein* **BLACK BOOK** *mit den Actionfotos finden, bin ich für immer im Arsch.* Aber zum Glück hatte mich mein Instinkt schon vorgewarnt: *Such dir einen sicheren Platz, wo du alles bunkern kannst.* Unten im Keller, in einem verwinkelten Nebenraum, habe ich das perfekte Versteck gefunden. Hinter einer kleinen schwarzen Klappe im Kaminschacht verstecke ich immer mein illegales Material. Auch die Drogen und die Knarre – einfach alles, was keiner finden darf.

Als wir eintreffen, zerlegen acht Cops unsere Wohnung. Sie beschlagnahmen alles, was verdächtig aussieht. DB-Schilder, Schlagring, Fotos. Ich renne in mein Zimmer. Alles liegt kreuz und quer auf dem Boden. Aus Verzweiflung schreie ich die Bullen an: »Lasst eure verdammten Finger von meinen Sachen!« Der Kommissar schreit zurück: »Du bist festgenommen!«

Meine Mutter sitzt in der Küche und weint. Völlig durcheinander fragt sie mich: »Basqua, warume diese viele Polizei kommen?« Ich bin total fertig mit den Nerven und weiß nicht, was ich ihr antworten soll. Der Kommissar setzt sich an unseren Tisch. Gemütlich zündet er sich eine Kippe an, dann fängt er an, mich auszuquetschen. Ich verweigere in allem die Aussage.

Plötzlich dreht er durch, geht voll auf meine Eltern los: »Zefix, jetzt reicht's ma! Ihr sogts mir jetza sofort, wo die Sachan san, oder i sperr eich olle ei!«

»Wir nix wissen diese Sache«, antwortet meine Mutter mit zittriger Stimme.

»Lassen Sie gefälligst meine Eltern in Ruhe, die haben damit nichts zu tun!«, fahre ich ihn an.

Am Schluss wird es für mich noch einmal brandgefährlich. Der Kommissar ruft die Beamten zu sich: »Ihr zwoa gehts in Keller obi und schauts in jeden Raum nei!« Mein Vater geht mit ihnen hinunter und sperrt alle Räume auf. Ich versuche mir nichts anmerken zu lassen. Doch je länger sie unten sind, umso feuchter werden meine Hände. *Sie haben bestimmt alles gefunden. Jetzt bin ich geliefert.* Nach einer Weile kommen alle wieder hoch. Für einen kurzen Moment bleibt mir das Herz stehen. Der eine Bulle meint: »Unten ist auch nix.«

GAME OVER

Die Bullen legen mir vor den Augen meiner Eltern Handschellen an und führen mich ab. Ich schäme mich total, dass sie das miterleben müssen. Kurz bevor wir gehen, haut der Kommissar noch einen Satz raus, den ich nie mehr vergessen werde: »Ihr seids olle Verbrecher.« Das hätte er nicht sagen dürfen. Meine Eltern sind ehrliche Bürger, die Tag für Tag hart arbeiten. Aber ich bin schuld, dass jetzt auch meine Familie mit reingezogen wird.

Ich komme in Einzelhaft. Die Nacht wird zur schlimmsten meines Lebens. Die ganze depressive Stimmung im Knast lässt sich auf mich nieder. Dass durch mich die Ehre der Familie so beschmutzt wurde, lässt mir keine Ruhe. In unserer Kultur ist das so ziemlich das Schlimmste, was man machen kann. Wie soll ich nur jemals wieder meinen Eltern in die Augen schauen? Und dann die ganzen illegalen Graffitis. Was ist, wenn sie herausfinden, dass ich da voll mit drinhänge? Dann bin ich für immer erledigt.

Die halbe Nacht wälze ich mich auf der harten Liege hin und her. Bohrende Fragen lassen mich nicht einschlafen. Ich schäme mich entsetzlich dafür, meine Familie so verunehrt zu haben. Am liebsten würde ich nie mehr nach Hause gehen. In meiner Verzweiflung hänge ich mich an das Gitterfenster und schreie laut los: »Hallo, hört mich jemand? Leute, wacht auf!« Totenstille. Keiner antwortet. Die Einsamkeit ist unerträglich. Sie erdrückt mich. Von allen vergessen und verlassen, muss ich immer wieder anfangen zu weinen.

Am nächsten Tag lässt mich der Haftrichter laufen. Aber ab jetzt stehe ich auf ihrer Abschussliste. Sie wissen genau, dass ihnen ein dicker Fisch ins Netz gegangen ist. Jetzt wollen sie mich an Land ziehen und zerlegen.

RUN AWAY

Ich bin nur noch genervt und will einfach nur weg von diesem ganzen Psychostress. Im Sommer 1994 flüchte ich nach Sizilien. Mittlerweile bin ich schon seit über einem Jahr ohne Job. Als ich in Balestrate ankomme, erlebe ich eine große Überraschung. Ich besuche meine Cousine Francesca, und sie erzählt mir etwas Unfassbares.

»Basqua, du kannst dir nicht vorstellen, was in Balestrate abgeht!« Beim Reden wirkt sie aufgeregt, als wäre etwas Schlimmes passiert. Neugierig höre ich ihr zu. »Was ist denn los?« Francesca berichtet in ihrem gewohnten sizilianischen Temperament und benutzt dabei beide Hände: »Nachdem ihr weg wart, haben viele Jugendliche angefangen, Graffitis zu malen und alles vollzusprühen. Hier ist das Graffiti-Fieber ausgebrochen!«

Ich bin völlig aus dem Häuschen, kann es kaum fassen. »Was erzählst du da für Sachen?«

»Ja, wirklich!«

Überwältigt von diesen Neuigkeiten jauchze ich auf: »Wahnsinn, das geht ja ab!«

So etwas hätte ich nie für möglich gehalten. Ohne dass wir es wollten, haben wir was ins Rollen gebracht.

Am Nachmittag gehen Francesca und ich zum Strand hinunter. Eine Gruppe von Jugendlichen spielt Volleyball. Irgendjemand bekommt mit, dass ich »der Sprayer« bin. Das wird für alle zur Sensation.

»Entschuldige, bist du **CRASH**?«

»Ja, der bin ich.«

»Der **CRASH**, der die Bilder gesprüht hat?«

»Ja, genau der.«

»Ciao, ich bin Mauro, ich hab schon viel von dir gehört. Wie heißt du eigentlich wirklich?«

»Pasquale.« Mehr als den Vornamen traue ich mich nicht zu sagen.

Gleich ruft er ein paar von den anderen herüber und stellt mich seiner Clique vor: »Leute, das ist der Graffiti-Künstler.«

»Ciao Pasquale, schön, dich kennenzulernen.« Sie umarmen mich und geben mir Wangenküsse. Mit so etwas habe ich nicht gerechnet.

Auf viele von ihnen wirke ich wie der totale Freak. Lange Haare, Stoppelbart, Tätowierung. Sie gaffen mich an, als wäre ich von einem anderen Stern. Keiner von ihnen ist gestochen. Damals ist das nämlich eher die Ausnahme. Heute fällt man fast auf, wenn man *kein* Tattoo hat – eine Modeerscheinung.

Kurz bevor wir zum Abendessen gehen, lädt mich Mauro ein, mit auf das Gruppenfoto zu kommen. Hammer, was für ein Empfang! Ohne es zu ahnen, bin ich hier **FAME**. Ich bin eine kleine Größe geworden. Damit habe ich nie und nimmer gerechnet. Das tut mir gut, besonders nach der bösen Bullenaktion.

NEW GENERATION

Doch das ist nur die Spitze des Eisbergs. Als ich abends mit meinen Verwandten an der Piazza bin, treffe ich die Clique vom Strand wieder. Nur sind es diesmal noch viel mehr. Ich gehe nichts ahnend an ihnen vorbei. Einige erkennen mich. »Schaut mal, da ist Pasquale, der von den Graffitis!« Sie begrüßen mich, als wäre ich ein alter Freund. Das ist völlig untypisch für Italiener. In der Regel grüßen sie nur Leute, die sie kennen. Anscheinend hat es sich herumgesprochen, dass ich wieder hier bin.

Ich werde von einer Gruppe Jugendlicher belagert. Sie verehren mich wie einen Teenie-Star: »Hey Pasquale, schön, dich kennenzulernen.« »Was machst du?« »Wann malst du wieder ein Graffiti?« »Wo wohnst du?« Alle reden gleichzeitig, wie das bei Italienern üblich ist. Die vielen Fragen überfordern mich. Das meiste verstehe ich gar nicht. Wegen meines krass altmodischen Dialekts traue ich mich gar nicht, den Mund aufzumachen, stammle nur irgendetwas daher. Aber sie finden es lustig, wie ich rede, und lachen. Einer macht mich sogar nach. So ist das Eis schnell gebrochen. In den nächsten Wochen freunde ich mich mit ihnen an und werde Teil ihrer Clique.

Nach und nach erfahre ich von den Jugendlichen genauer, was in Balestrate geschehen ist: Die Jungs haben sich Dosen besorgt und angefangen, Wände und Züge zu besprühen.

»Wir haben stundenlang vor euren Graffitis gesessen und haben versucht, die Buchstaben und Figuren abzuzeichnen«, erzählt mir einer von ihnen.

»Für mich war es immer ein Rätsel, wie ihr solche schönen Farben und dünnen Striche hinbekommen habt«, meint ein anderer.

Dann passiert etwas Einzigartiges. Einer zieht seinen **SKETCH** heraus und zeigt ihn mir ganz stolz: »Guck mal, Pasquale, wie gefällt dir das?«

Dann noch einer und noch einer. Meine Augen funkeln, als ich das sehe. Es ist unglaublich. Unsere Graffitis haben die Jungs inspiriert. Jetzt zeigen sie mir Skizzen, wo unsere **STYLES** und **CHARACTERS** drauf sind. Was für ein Hammer! Das gefällt mir. Natürlich verstehen sie noch nicht wirklich, worauf es ankommt. Trotzdem sehe ich ihre Fantasie, ihre Begeisterung, ihre Leidenschaft. Besonders die Zeichnungen eines Jungen namens Fabio stechen mir ins Auge. Er malt Figuren mit starker Ausdruckskraft. Auf Anhieb erkenne ich sein großes Talent.

Ja, es ist wirklich unglaublich, was hier während meiner Abwesenheit passiert ist. Diese Power, diese Eigendynamik, diese Kreativität beeindrucken mich. Es macht mich stolz, die nächste Generation beeinflusst zu haben.

OPEN DOORS

Mein **FAME** öffnet mir neue, wichtige Türen in Balestrate. Viele kommen zu mir und wollen ein Graffiti. In den nächsten Wochen werde ich mit Aufträgen überschüttet. Restaurants, Diskotheken, Sportanlagen, Hauswände und Cafés. Ständig haut mich jemand an.

Einmal erhalte ich sogar eine persönliche Einladung vom Bürgermeister. Ich soll eine große Leinwand gestalten und Balestrate mit all seinen Besonderheiten repräsentieren. In seinem Büro unterhalten wir uns über das Konzept. Ich kann nicht fassen, was hier gerade abgeht. Die »Obersten« werden auf mich aufmerksam und wollen mit mir Geschäfte machen!

Während wir so dasitzen, klingelt das Telefon. Der Bürgermeister spricht ein paar Sätze, legt auf und verlässt kurz den Raum. Ich nutze die Gunst der Stunde, ziehe blitzschnell meinen Stift heraus und tagge dem Bürgermeister ein »**CRASH ABC**« auf die Schreibtischunterlage. Blitzschnell schiebe ich einen Ordner drüber und lehne mich entspannt zurück. Kurz danach kommt der Bürgermeister wieder herein, und wir reden weiter. Genugtuung überkommt mich. *Yeah, was für eine Trophäe. Bürgermeister hin oder her. Ich bin hier die wahre Nummer Eins*. Irgendwie richtig krank. Aber ich brauche diesen Kick.

Jede Woche lerne ich unzählige Leute kennen. Mein Name wird im ganzen Ort bekannt. Eines Nachmittags sitze ich im Café und zeichne. Zwei attraktive Frauen kommen auf mich zu.

»Ciao Pasquale!«

»Ciao, wie geht's euch?«

»Kannst du uns ein Graffiti zeichnen?«

»Klar, mach ich gerne! Wie heißt du denn?«

»Elisa.«

»Elisa, dein Name hat schöne Buchstaben.«

Aufmerksam beobachtet sie, wie ich schwungvoll ihren Namen auf eine Serviette male. »Wow, das ist wunderschön, vielen Dank, Pasquale.«

»Gerne.«

Auch ihre Freundin fragt mich nach einem Graffiti. Ich zeichne wieder los. Andere sehen das und kommen dazu, wollen eine Unterschrift. Ich verteile Autogramme, lasse mich feiern, genieße es, im Mittelpunkt zu stehen. Meine Bilder, meine Aktionen, die Art, wie ich auftrete – sie hinterlassen

Eindruck. Dieses Ansehen nutze ich zu meinem Vorteil: Zum Beispiel verabrede ich mich öfters mal mit »Groupies« und habe Spaß mit ihnen.

FOLLOWER

Als ich gerade an einem Auftrag arbeite, stehen einige Jugendliche um mich herum und schauen zu. Auch Fabio, der sehr gut Figuren zeichnen kann, steht bei ihnen. Während ich sprühe, kommt mir eine geniale Idee.

»Hey Fabio, willst du's auch mal probieren?« Ich reiche ihm die Dose.

Fabio kann nicht glauben, dass ich so viel Vertrauen in ihn habe. »Du willst, dass ich in dein Bild sprühe? Ich habe noch nicht so viel Erfahrung.«

»Du kannst nichts falsch machen. Ich zeig's dir.«

Vorsichtig nimmt er die Dose in die Hand und fängt an, die Wand zu besprühen. Ich erkläre ihm ein paar grundlegende Dinge. Die anderen schauen gespannt zu. Fabio lernt schnell, er ist sehr begabt. Auf Anhieb gelingt ihm ein richtig nicer **CHARACTER**.

Von diesem Tag an weicht er mir nicht mehr von der Seite. Fabio wird mein erster Schüler, und ich gebe ihm den Namen **CROWN**. Schnell werden wir ein Spitzenduo. Zusammen machen wir eine Menge Aufträge – ich die **STYLES** und **CROWN** die **CHARACTERS**.

Einmal fahren **CROWN** und ich gemeinsam zu einem Auftrag in der Nähe des Strands. Das Lustige dabei ist, dass uns viele von der Clique mit ihrem Mofa begleiten. Ohne Helm fetzen wir durch die Gegend. Wir treten auf wie eine Rockerbande. Mir gefällt das. Überall, wo wir aufkreuzen, machen wir Wirbel, sind laut und benehmen uns daneben. Dadurch fühlen wir uns unschlagbar. Für meine »Follower« werde ich zum Idol. Viele verehren mich.

Einer von ihnen heißt Nino. Er ist von meinem Auftreten so fasziniert, dass er eines Tages zu mir sagt: »Pasquale, ich möchte so sein wie du.« So etwas hört man nicht alle Tage. Ich fühle mich geehrt. Nino ist ein krasser Typ. Mit seinen siebzehn Jahren sieht er aus wie ein Gorilla. Er ist ungewöhnlich groß und stark.

»Nino, weißt du was, ab heute bist du mein Bodyguard. Wenn es Ärger gibt, haust du den anderen richtig hart auf die Schnauze und beschützt mein Leben, okay?«

Als er das hört, fangen seine Augen an zu strahlen wie die Sonne am Mittag. Er merkt, was für eine große Bedeutung ich ihm in diesem Augenblick gebe.

Ich gehöre zu den Leuten, die sich gerne prügeln, weil sie Wut im Bauch haben – egal wer schuld ist. Ich kann nichts dagegen machen. Gewalt fasziniert mich.

LIKE A STAR

Einige bekannte Boutiquen von Balestrate organisieren auf der Piazza eine große Modenschau mit Laufsteg. Die Veranstalter bitten mich, einige weiße Holzwände mit Graffiti zu gestalten. Ich nehme auch **CROWN** mit. Viele schauen uns bei der Entstehung der Bilder zu. Als die Modenschau losgeht, ist die Piazza total überfüllt. Mode und Models, das interessiert die Italiener. Im Hintergrund sieht man unsere Kunstwerke.

Kurz vor Schluss werden die Modedesigner und Models noch mal auf die Bühne gerufen. Zu meiner großen Überraschung werde sogar ich als Künstler angekündigt und auf die Bühne gerufen. »Ein besonderer Dank geht an **CRASH**, der die Leinwände gemalt hat.« Es ist der absolute Hammer. Ich fühle mich so **FAME**. Stolz gehe ich auf dem Steg auf und ab. Dicker Jubel aus der Menge. Ganz vorne an der Bühne steht unsere Clique. Sie schreien im Chor: »Pasquale! Pasquale!« Was für ein Wahnsinnsmoment. Plötzlich packt es mich. Ich nehme voll Anlauf, breite meine Arme aus und hechte in die Menschenmenge. Die Jugendlichen fangen mich auf, reichen mich weiter und werfen mich in die Luft. Irgendwann lande ich wieder auf der Bühne. Unbeschreibliche Glücksgefühle brechen bei mir los. Ich komm mir vor wie *Macklemore*.

Doch Graffiti verlangt mir alles ab. Beim Sprühen benutze ich nie eine Maske. Durch das Inhalieren der Lösungsmittel bekomme ich starke Probleme mit der Lunge. Morgens, wenn ich aufwache, muss ich wie verrückt husten und spucke grünen Schleim aus. Ich bekomme chronische Halsschmerzen und Atemnot. Hinzu kommt das sizilianische Gras. Es ist unglaublich stark. Ich bin ständig am Träumen, bleibe völlig hängen, verliere mich total. Ich kann mich kaum noch normal mit Leuten unterhalten, schiebe ähnliche Filme wie auf LSD. Manchmal bin ich kurz davor durchzudrehen. Das Zeug fetzt mich komplett weg. Trotzdem höre ich weder mit dem Sprühen noch mit dem Chillen auf. Ich kann nicht anders. Durch Graffiti verschaffe ich mir Wert und Anerkennung. Ich bin wer, habe einen Namen, habe **FAME**. Haze wird zu meinem Lebenselixier. Es hilft mir, durchzuhalten und die Rolle des »Superstars« gut zu spielen.

MARIA

Ein Freund gibt eine große Party und lädt mich dazu ein. Als ich ankomme, stehen drei Leute am Eingang und kiffen. Eine dicke Rauchwolke umgibt sie. Ich gehe an ihnen vorbei. Einer hält mir eine Tüte entgegen, die so groß ist wie eine Palme. »Hey Basqua, willst du mal ziehen?« Das geht ja schon gut los. Als ich den süßlichen Geruch rieche, werde ich ganz schwach. Gierig nehme ich einen tiefen Lungenzug.

Das THC schießt mir so hart in den Kopf, dass mir für einen Augenblick schwarz vor Augen wird. Der Pulsschlag wird schneller. Ich spüre Freude. Die Bässe gehen durch mich durch. Mein ganzer Körper vibriert. Ich bin wie ausgewechselt. Planlos laufe ich auf die Tanzfläche und bewege mich zu den Beats, habe richtig Spaß.

Auf einmal entdecke ich *sie* auf der Tanzfläche! Blickkontakt. Ich lächle sie an, sie lächelt zurück. Alles klar! Langsam nähern wir uns. Licht flackert in unseren Gesichtern auf. Schon kleben unsere Körper aneinander, und wir tanzen wild zu den Beats. Ich schaue ihr in die Augen.

»Wie heißt du?«

»Maria … Und du bist der verrückte Sprüher.«

Beide müssen wir laut loslachen. Ich finde es hammer. Mein Ruf eilt mir voraus. Es ist spät, als wir nach Hause fahren. Kurz bevor wir uns verabschieden, frage ich Maria: »Wollen wir uns morgen Nachmittag auf der Piazza treffen?«

»Sehr gerne!«

»Okay, dann bis morgen, ciao.«

Am nächsten Tag erlebe ich eine kleine Überraschung: Als ich Maria treffe, sieht sie total anders aus. Nicht so übertrieben gestylt, wenig geschminkt. Sie gibt sich ganz natürlich. Das gefällt mir. Wir gehen spazieren. Dabei erzähle ich ihr spannende Graffiti-Abenteuer. Sie wendet kaum ihre Blicke von mir ab. Ich mache ihr ständig Komplimente über ihre schönen grünbraunen Augen. Maria himmelt mich nur noch an.

Zwischendurch mache ich auf kleiner Poet: »Der Mond leuchtet wie eine Perle in blauem Purpur, und du bist diese Perle.« Das fasziniert sie noch mehr. »Pasquale, das ist so schön, hör bitte nicht auf damit!« Nach ein paar Runden bleiben wir vor einem meiner Graffitis stehen. Die Sonne versinkt gerade hinter dem Horizont. Der Himmel leuchtet von Farben. Eine unglaubliche Atmosphäre. Der Moment ist perfekt. Leidenschaftlich umarme ich Maria, streiche ihr durch die Haare. Und dann küssen wir uns zum ersten Mal.

Von da an sind wir zusammen und unternehmen täglich irgendetwas Verrücktes. Maria verliebt sich unsterblich in mich – und ich mich in sie.

In der Nachbarschaft ergibt sich die Gelegenheit, eine Mega-Wand zu sprühen. Der Besitzer ist ein großer Kunstliebhaber.

Nachdem ich ihm ein paar Fotos und Skizzen gezeigt habe, meint er sofort: »Pasquale, sie gehört dir, mach, was du willst!« Das hört man gerne als **WRITER**. Bei Aufträgen ist man stark eingeschränkt. Jetzt kann ich meinem Geist freien Lauf lassen und sprühen, worauf ich Bock habe. Ich zeichne einige **SKETCHES** und überlege mir ein passendes Thema für die Wand. Bei brüllender Hitze arbeite ich über eine Woche an dem Graffiti. Es ist unvorstellbar heiß. Die Sonne brennt so heftig herunter, dass ich mir vorkomme wie ein Grillhähnchen im Backofen.

Auf einer hohen Leiter gestalte ich nach und nach die Fassade. Vielen bleibt der Mund offen stehen, als sie das riesige Graffiti sehen. Sie kommen aus dem Staunen nicht mehr heraus. Es ist 1992, und dieses Graffiti sprengt alles bisher Dagewesene, spricht sich überall herum: »Guck mal, was **CRASH** für eine krasse Wand malt.« Ständig kommen ein Haufen Leute vorbei, schauen mir zu, loben mich. Freunde, Bekannte, Verwandte, die Eltern von Maria. Sogar der Bürgermeister kriegt es mit und besucht mich. Die Wand wirkt wie ein Magnet. Von Palermo, von Trapani, von überall strömen die Leute her, um mein **MASTERPIECE** zu bestaunen. Es ist etwas passiert, es geht was ab, ich bin wer. Unbeschreiblich.

Kurz bevor ich die Wand fertigstelle, hat der Besitzer einen großartigen Einfall. »Pasquale, du solltest für das Graffiti ein Fest organisieren und dein Kunstwerk feiern.« Ich überlege kurz und finde die Idee phänomenal. Gedacht, gemacht. Ich lade jeden zu meiner »Vernissage« ein. Meine Clique und ich räumen den Müll weg, bereiten alles vor.

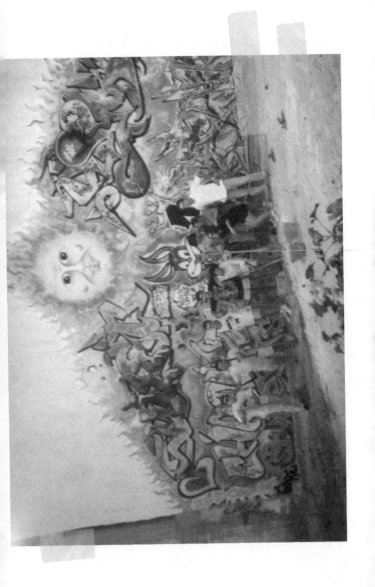

An einem Samstagabend ist es so weit. Die Party steigt. Unendlich viele Gäste kommen, Jung und Alt. Alle empfinden es als Attraktion. Das Irre ist: Meine Jungs stellen die Straßeneinfahrt mit ihren Mofas zu, sodass keiner mehr mit dem Auto durchfahren kann. Die ganze Straße gehört uns. Wir lassen es richtig krachen. Ein Professor eröffnet die »Kunstausstellung« und hält eine kurze Laudatio. Er präsentiert mich als besonderen Künstler, der Graffiti auf Sizilien groß gemacht hat. Alle johlen und klatschen los. Wir drehen die Musik auf, und ich lasse mich feiern.

Vor dem Graffiti brennt ein großes Lagerfeuer. Das Licht erhellt die Wand. Viele stellen sich davor und lassen sich mit dem Graffiti fotografieren. Einige hängen nur ab, betrinken sich. Immer wieder verschwinden ein paar hinterm Haus und rauchen was. Auch ich bin schon ziemlich gut bedient.

Spät am Abend passiert noch etwas, das ich nie mehr vergessen werde. Eine Gruppe Jugendlicher gratuliert mir. Sie stellen sich vor mich und fangen an, mein Graffiti in höchsten Tönen zu loben. Und dann sagt einer von ihnen den entscheidenden Satz:

»Pasquale, du bist der Gott des Graffitis.«

Als ich das höre, funkeln meine roten Augen. Diese Aussage bedeutet mir alles. Endlich bekomme ich die Anerkennung, die mir gebührt. Darüber gibt es nichts mehr. Ich habe es geschafft! Ich bin im Olymp angekommen und den Göttern gleich. Etwas Größeres, etwas Höheres gibt es nicht.

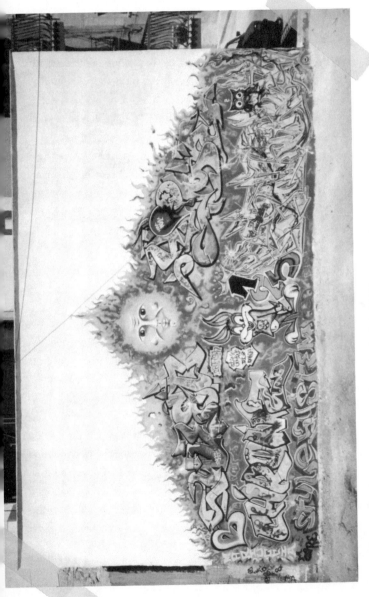

Nach diesem Abend fühle ich mich mächtig wie ein Gott. Die Wand bringt mir extrem viel **FAME**. Es ist das größte Graffiti auf Sizilien. Mein Name kriegt immer mehr Gewicht. Hier bin ich der **KING**. Keiner macht mir den Thron streitig. Selbst die Bullen lassen einen in Ruhe, wenn man die richtigen Leute kennt – und die kenne ich. Es fühlt sich richtig geil an, vergöttert zu werden. Es ist der Höhepunkt.

Ende September muss ich zurück nach München. Viele kommen und begleiten mich zum Bahnhof. Der Abschied fällt uns allen unheimlich schwer. Wir fallen uns um den Hals, umarmen uns lange. Tränen fließen. Maria, die Clique und Sizilien habe ich fest in mein Herz geschlossen.

HADES

München holt mich in die Wirklichkeit zurück. Zum zweiten Mal erhalte ich Post vom Landgericht. Darin befindet sich eine zwölfseitige Anklageschrift der Staatsanwaltschaft. Ein schwerer Prozess rollt auf mich zu. Die Vorstellung, im Jugendarrest zu landen und wie ein Vogel im Käfig zu sitzen, versetzt mich in Angst und Schrecken. Ich sehe keine Möglichkeit, der Strafe zu entkommen, und verarbeite meinen Stress durch Drogen und Zeichnen. Die Bilder sind total finster und schräg. Sie spiegeln deutlich meinen psychisch labilen Zustand wider. Immer öfter spiele ich mit dem Gedanken, mir das Leben zu nehmen. Ich sehe keinen Sinn mehr darin, weiterzuleben.

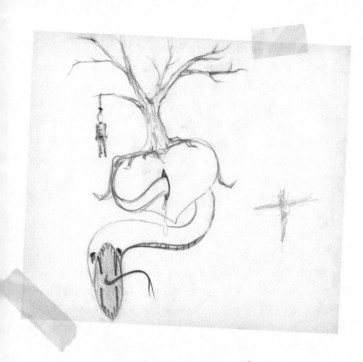

HEROIN

Parallel dazu passiert in der Lauinger etwas, womit ich nie gerechnet hätte. Als ich aus dem Urlaub zurück bin, schaue ich an der Bushalte vorbei. Aber kaum jemand ist da. Auch **BOXER** erreiche ich nicht. Als ich ihn zufällig treffe, ist er ganz merkwürdig drauf. Irgendetwas stimmt nicht mit ihm. Zur Bushalte kommen meine Freunde nur noch selten. Ich erfahre, dass sie plötzlich alle bei Salvatore abhängen. Das wundert mich sehr, denn Salvatore ist der mieseste Typ aus unserer Straße. Er macht wegen jeder Kleinigkeit Stress, haut blöde Sprüche raus und zieht die Leute ab.

Also gucke ich eines Abends auch mal bei Salvatore vorbei. Alle sind da. Als ich hereinkomme, checke ich sofort, dass mit ihnen irgendetwas nicht stimmt. Sie sitzen verstreut im Zimmer und schauen Fernsehen. Auf dem Tisch steht eine Shisha.

»Hey Jungs, alles fit im Schritt?«

Ich setze mich dazu, mache eine Mischung und rauche einen Topf weg. Als ich weiterreiche, will keiner ziehen, auch **BOXER** nicht.

»Was ist denn los mit euch, seid ihr erkältet?«, spaße ich herum.

Und dann passiert es. Ohne dass ich etwas ahne, packt Salvatore mehrere kleine Briefumschläge aus. Ich kenne das schon, denke mir: *Wie nice, eine Runde Koks für alle*, und freue mich voll. Doch dieses Pulver ist nicht weiß, sondern braun. Salvatore zieht eine Rolle Alufolie heraus, reißt sechs Stücke ab und verteilt sie.

Ich frage: »Was geht jetzt ab? Was ist das für Zeug?«

»Ach Basqua, frag doch nicht so blöd, das ist Shore!«, antwortet Salvatore in seiner arroganten Art.

Mir verschlägt es die Sprache. Ich weiß nicht viel über Heroin, nur dass es teuer ist, sehr schnell süchtig macht und eine Überdosis tödlich ist. Alle sechs halten die Folie in der Hand und inhalieren Shore mit einem zusammengerollten Geldschein. Bis jetzt wusste ich nicht, dass man Heroin auch rauchen kann. Man sieht direkt, wie der Rauschzustand bei ihnen eintritt. Fassungslos beobachte ich ihr Verhalten. Jetzt wird mir alles klar. Sie sind komplett bedient. Aber anders als vom Haschisch. Alle, die das Zeug inhaliert haben, liegen regungslos auf dem Bett oder im Sessel, im Hintergrund läuft der Fernseher weiter. Das Heroin hat eine sehr beruhigende

Wirkung. Anscheinend gibt es ihnen genau das Gefühl, nach dem sie suchen: Wärme und Geborgenheit. Ihre Handlungen verlangsamen sich auf Zeitlupentempo. Keiner sagt mehr etwas. Sie sind wie betäubt.

Wie aus dem Nichts sagt Salvatore zu mir: »Willst du auch mal probieren?« Er versucht mich zu ködern und findet dafür genau den richtigen Zeitpunkt. Ich suche auch nach Wärme und Geborgenheit, will kein Outsider sein, will zur Clique gehören. Was soll ich tun? Ich bin hin- und hergerissen, zögere noch. Undeutlich murmelt er noch: »Ich lade dich auch ein.«

Aber als ich Salvatores winzig kleine Pupillen sehe, bekomme ich es mit der Angst zu tun. »Digga, lass stecken. Vielleicht ein andermal.«

Zwar mache ich auf cool, aber es kostet mich meine ganze Überwindung, Salvatore abblitzen zu lassen. In diesem Moment wird mir bewusst: Der Teufel hat keine Hörner! Er kommt getarnt als dein Kollege.

LOSING BOXER

BOXER nimmt anscheinend schon seit Längerem Heroin. Er hat es die ganze Zeit vor mir verheimlicht. Aber warum? **BOXER** ist mein Kumpel, mein Partner, mein bester Freund, mein Bruder. Ich weiß nicht, was ich Höheres über einen Menschen sagen könnte. Wir haben uns von dem Moment an verstanden, als ich zum ersten Mal bei ihm zu Hause gesessen habe, konnten stundenlang reden, haben uns alles anvertraut. Zwischen uns gab es ein unsichtbares Band. Jeden Tag hatten wir Action, haben zusammen abgehangen und verrückte Pläne ausgeheckt. Das hat uns zusammengeschweißt wie Blutsbrüder. Jetzt ist alles wie weggeblasen. Auf einmal ist er für mich wie ein Fremder.

In den nächsten Monaten geschieht Unfassbares in der Lauinger. Salvatore verseucht die ganze Straße mit Shore. Immer mehr meiner Freunde kommen drauf. Das Zeug verändert jeden. Die Jungs sind nicht mehr die, die ich kannte. Es existiert untereinander kein Vertrauen mehr, jeder denkt nur noch an sich.

BOXER kriege ich kaum noch zu Gesicht. Er distanziert sich völlig. Jedes Mal, wenn wir uns verabreden, versetzt er mich. Das kam vorher so gut wie nie vor. Dann fängt er an, mich anzulügen und sich total blöd rauszureden – eine typische Begleiterscheinung von Heroinsucht. Nur noch Gelaber. Als ich ihn zufällig an meinem Haus vorbeigehen sehe, öffne ich schnell das Fenster und rufe ihm hinterher: »**BOXER**, was machst du?« Kurz angebunden antwortet er: »Hab keine Zeit«, und geht einfach weiter.

Doch so schnell möchte ich ihn nicht aufgeben. Von den anderen erfahre ich, dass **BOXER** viel mit Mike, dem Drogenkurier aus Passau, abhängt. Spontan statte ich Mike einen Besuch ab. Ich habe nur einen Wunsch: offen und ehrlich die Dinge anzusprechen. »Hi Mike, ich brauch was!« Er lässt mich rein. **BOXER** ist noch nicht da. Wir setzen uns und fangen an zu quatschen. Zwischendurch stopfen wir einen Topf.

Tatsächlich klingelt es dann, die Tür fliegt auf, und **BOXER** steht im Zimmer. Ich freue mich riesig. »Hey **BOXER**, schön dich zu sehen!«, rufe ich und umarme ihn zur Begrüßung. Doch **BOXER** zeigt keine großen Emotionen. Äußerlich sieht er nicht gut aus. Er ist von Haus aus ein schlanker Typ, aber er hat noch mal ein paar Kilo abgenommen. Die Wangenknochen treten heraus, sein Gesicht ist zusammengefallen und käsig, als wäre er krank. Auch seine Kleidung sieht heruntergekommen aus: billige Jacke, ausgewaschenes Jeanshemd, alte Jogginghose. Alles an ihm scheint so gleichgültig. Mit scharfer Stimme sagt er: »Servus Basqua!« Dann setzt er sich neben Mike und zieht einen Topf durch.

Mir wird heiß und kalt. Da ist ein bestimmter Unterton in diesem »Servus Basqua!«, den ich so von **BOXER** nicht kenne. Es klingt wie: »Was hast du hier verloren?« Erneut versuche ich, mit ihm ins Gespräch zu kommen. »Wie geht's Frau und Kind?« Doch mehr als ein »Passt schon« bekomme ich nicht aus ihm heraus. Wir werden nicht warm. Ich spüre deutlich, wie unerwünscht meine Anwesenheit ist. **BOXER** schaut mich kaum an, sagt auch nicht viel. Nach einem weiteren Anlauf merke ich, wie zwecklos es ist, mit ihm zu reden. Es gibt keine Beziehung, kein Vertrauen, keine Liebe mehr. **BOXER** wiederzusehen, wird meine größte Enttäuschung. Angeschlagen stehe ich auf. »Also, Leute, ich muss dann los, wir sehen uns, ciao ...« Ich packe meine Sachen und verschwinde.

Vor der Tür muss ich erst mal tief durchatmen. Ich kann nicht glauben, was gerade passiert ist. **BOXER**, mein bester Freund, mein Mentor, mein Partner, mein Bruder, ist für mich ein Fremder geworden. Ich erkenne ihn nicht wieder: Das Heroin hat ihn total verändert. Alle Action, alle Beziehung, alle Sympathie, alle Liebe auf einen Schlag ausgelöscht. Ich habe ihn an die Drogen verloren. Diese Tatsache ist für mich kaum zu verkraften. Tränen steigen in mir hoch. Ich fühle mich einsam und verlassen. Es tut mir im Herzen weh, daran zu denken, wie er früher einmal war. Ich greife nach dem Zeichenblock und versuche, meinen Schmerz und meine Trauer auf dem Papier zu verarbeiten.

PSYCHO

Der innere Krieg wird unerträglich. Schon frühmorgens überlege ich, wie ich den Tag herumbekomme. Ich denke viel über den Sinn des Lebens nach, will meinen miesen Charakter loswerden. Anfangs wollte ich durch LSD mein Bewusstsein verändern, aber der Schuss ging nach hinten los. Ich schaffe es nicht länger, gehe zugrunde.

In meiner Verzweiflung suche ich Hilfe bei einem Psychologen. Doktor Schmidt nimmt sich meiner an. Schnell erkennt er, in welcher Not ich stecke. Wir treffen uns wöchentlich zu einer Sitzung. Ich frage ihn Löcher in den Bauch. »Warum ist die Welt so kompliziert? Wer hat sich dieses blöde System ausgedacht? Warum gibt es so viel Ungerechtigkeit? Wieso dreht sich alles nur ums Geld?« Der Arzt versucht, mir die Hintergründe zu erklären. Ich stelle eine Frage nach der anderen. Sie platzen nur so aus mir heraus: »Wie kann man die Welt verändern? Wie kann ich mich verändern? Wer entscheidet, was richtig und falsch ist? Wofür lebe ich?«

Oft diskutieren wir stundenlang. Man kann sich ungefähr vorstellen, wie es abging. Es sind die Fragen, die sich jeder von uns früher oder später stellt. Der Doktor hört mir geduldig zu und beantwortet mir jede Frage mit logischen Argumenten. Doch irgendwie lassen mich seine Antworten kalt. Wir kommen auf keinen grünen Zweig. Vom Kopf her sind die Fragen beantwortet. Doch das ist nicht das, was ich suche. Mein Herz bleibt leer. Frustriert breche ich die Therapie ab. Wieder muss ich mit Erschrecken feststellen: Mein Leben ist sinnloser denn je. Das stürzt mich in eine tiefe Lebenskrise. Ich brauche dringend Hilfe, sonst werde ich mich umbringen.

LOST

In der Lauinger wird es immer heftiger. Mein kompletter Freundeskreis ist auf Shore. Am Moosacher Bahnhof treffe ich Mesut. Wir reden ein paar Takte, dann sagt er: »Hast du schon gehört? Tom ist vor ein paar Tagen an einer Überdosis gestorben.« Als ich diese »Neuigkeit« höre, läuft es mir eiskalt den Rücken runter. Ich stehe regelrecht unter Schock. Tom war mein Klassenkamerad, mit dem ich die besten Jahre meiner Jugend verbracht habe. Es dauert sehr lange, bis ich diesen Schock verdaut habe.

Ich halte die ganze Scheiße nicht länger aus, habe furchtbare Angst, auch drauf zu kommen. Zu meinem eigenen Schutz schließe ich mich im Zimmer ein, breche jeden Kontakt nach außen ab, sitze nur noch im Zimmer, schaue Filme oder zeichne und denke viel darüber nach, was aus uns geworden ist – und was noch auf mich zukommt. Ich habe nichts mehr, niemanden, habe alles verloren. Mich kotzt mein beschissenes Leben an. Diese Ungewissheit, diese Sinnlosigkeit. Wozu lebe ich noch?

In einer Art Selbsttherapie male ich wie verrückt Aquarelle. Dabei rede ich mir ein, dass mich das retten wird. Also zeichne ich von morgens bis abends Bilder und hänge sie überall in meinem Zimmer auf. Ich fasse sogar den Entschluss, mit dem Kiffen aufzuhören, zeichne weiter wie ein Geisteskranker. Ich bin tagelang wach. Die Bilder sind mein letzter Halt. Erst jetzt merke ich, wie süchtig ich wirklich bin. Ohne Dope bekomme ich überhaupt nichts mehr auf die Reihe. Ich verbocke meine Zeichnungen, habe keinen

Appetit, kann mich über nichts mehr freuen und finde keinen Schlaf. In meinem Kopf kreisen immer dieselben Fragen: *Wie komme ich von den verdammten Drogen weg? Was ist, wenn ich in den Knast muss?* Ich bin wie ein Schiff in großer Seenot.

Schon bald merke ich, dass die Bilder mich nicht retten können. Irgendwann gebe ich auf. *Ich brauche unbedingt was zum Runterkommen.* Aufgeregt rufe ich meine Kumpels an, frage, ob sie etwas zu chillen haben. Doch egal, bei wem ich anrufe, es gibt nur noch Shore im Angebot. *Soll ich das Zeug probieren? Dann ist es endlich vorbei!* Doch kurz bevor ich einknicke, kommt mir eine letzte Idee. *Vielleicht finde ich noch irgendwelche Reste im Teppichboden.* Wie ein Drogenhund krieche ich auf allen Vieren durch mein Kinderzimmer und suche nach Piece- und Grasresten. Tatsächlich! Ich finde einige Krümelchen, um eine kleine Tüte zu bauen. Während ich den Joint drehe, spüre ich meinen Pulsschlag schneller schlagen. Meine Hände zittern. Ich zünde ihn an und nehme einen tiefen Zug. In drei Zügen sauge ich das Teil komplett weg. Es schmeckt mehr nach Teppichfussel als nach einer Tüte. Aber der erhoffte Effekt tritt ein: Ich bin stoned. Ein beruhigender Schleier legt sich über mich. Ich entspanne mich und versinke in der Couch. Für einen kurzen Moment ist meine Welt wieder in Ordnung.

Mein Blick fällt auf den Wandspiegel. Während ich mich so da liegen sehe, frage ich mich: *Was ist nur aus mir geworden? Ich hatte alles. Erfolg, Geld, Frauen, Respekt,* **FAME**. *Ich war der »Gott des Graffitis«! Und was ist davon übrig geblieben? Nichts! Jetzt krieche ich wie ein erbärmlicher Wurm auf dem Boden herum und suche Drogenreste. Ich bin fertig.*

An diesem Abend fühle ich mich so wertlos wie noch nie. Ich bin am Ende. Ich habe kein Dope, keine Freunde, keinen Job, keine Perspektive. Die bevorstehende Verhandlung wegen Diebstahl, Urkundenfälschung, illegalem Waffenbesitz, schwerer Sachbeschädigung, gefährlicher Körperverletzung und Raubüberfall macht mich total fertig. Eine Verurteilung wird mich diesmal für lange Zeit hinter Gitter bringen. Davor schiebe ich den allergrößten Horror. Die kurzen Male, die ich im Käfig weggesperrt war, haben mir schon gereicht.

Auch um meine Eltern mache ich mir große Sorgen. Das werden sie psychisch nicht durchstehen. Ich sehne mich so sehr nach Freiheit, suche einen Neuanfang. Stattdessen geht der Albtraum erst los.

Immerhin habe ich noch Maria. Seit meinem letzten Urlaub auf Sizilien stehen wir in ständigem Kontakt. Sie ist für mich wie ein Rettungsanker. Als ich wieder mal mit ihr telefoniere, erzähle ich ihr, welcher Druck auf mir lastet und dass ich kurz davor bin durchzudrehen. »Ich war gestern auf einer Party. Es hat nicht lange gedauert und es gab Stress mit einem Typen. Ich bin wie ein wildes Tier auf ihn losgegangen. Dann habe ich ihn an den Haaren gepackt und ihm so lange das Knie ins Gesicht gerammt, bis er blutüberströmt zusammengebrochen ist. Maria, was soll ich nur tun? Ich will nicht mehr so weiterleben!«

Da sagt Maria etwas, womit ich nie gerechnet hätte: »Basqua, warum zerstörst du dein Leben, wenn Jesus dich liebt?«

Im ersten Augenblick verstehe ich überhaupt nicht, was sie damit sagen will. Trotzdem löst dieser Satz in mir etwas aus. Nach dem Telefonat setze ich mich auf mein Bett und fange an zu überlegen. Ich habe mir einen Namen gemacht, den Erfolg genossen und gedacht, wenn mir die Menschen ihre ganze Anerkennung geben und mich verehren, dann bin ich endlich glücklich und zufrieden. Aber es war nie genug. Und jetzt bin ich am Ende.

Meine Verzweiflung ist unerträglich. Ich kann nicht mehr. Plötzlich schreie ich los: »Jesus, bitte rette mich, ich weiß nicht mehr weiter!« Ich schütte ihm mein ganzes Herz aus und erzähle ihm meinen Frust, meine Enttäuschungen, meine Verletzungen. Danach geschieht etwas Erstaunliches: Ein innerer Friede überkommt mich. Ein Friede, den ich noch nie erlebt habe. Und als ich spät am Abend ins Bett gehe, geschieht noch etwas sehr Ungewöhnliches. Normalerweise brauche ich immer Drogen, um einzuschlafen. Aber in dieser Nacht lege ich mich hin und schlafe kurz darauf einfach ein. Ich schlafe wie ein kleines Baby – ohne Drogen! Für einen hochgradig Drogensüchtigen grenzt das an ein Wunder. Ich kann mich nicht daran erinnern, wann das das letzte Mal vorgekommen ist.

Am nächsten Tag wache ich auf und habe gar kein Verlangen nach Drogen. Für mich ist das einfach unbegreiflich. Auch der innere Friede ist noch deutlich zu spüren. *Hängt das wohl mit letzter Nacht zusammen?* Eine Stimme in mir sagt: »Das ist doch einfach nur Zufall.« Aber auch nach mehreren Tagen habe ich weder das Bedürfnis nach Drogen noch Entzugserscheinungen. Die Sache kommt mir echt komisch vor. Irgendetwas ist mit mir passiert. Doch ich weiß nicht, was.

ERKAN

Jede Woche gehe ich zum Jobcenter und versuche Arbeit zu finden. Dadurch erhoffe ich mir stark, vor Gericht ein milderes Urteil zu bekommen. Doch das Arbeitsamt kann mich nicht vermitteln. Spätestens beim Vorstellungsgespräch merken die Chefs, wie kaputt ich bin. Keiner gibt mir eine Chance.

Eines Tages treffe ich vor dem Jobcenter Erkan, einen alten Kollegen aus der Graffiti-Szene.

»Servus Erkan, wie geht's?«

»Hey Pasquale, was läuft? Lange nicht gesehen.«

Abklatschen, ein paar Sprüche – die üblichen Floskeln.

»Was machst du so?«

»Ich studiere jetzt an der Kunstakademie.«

»Wow, nicht schlecht! Ich bin gerade auf der Suche nach Arbeit.«

Nach einer Weile meint Erkan: »Digga, du siehst nicht gut aus. Alles okay?«

Mein Herz liegt mir auf der Zunge. Plötzlich bricht alles aus mir heraus: »Oh Mann, Erkan, ich stecke bis zum Hals in der Scheiße!«

»Was ist los?«

»Die Bullen haben mich beim Taggen gecatcht. Jetzt versuchen sie, mich fertigzumachen. Die lochen mich hundertpro ein. Deshalb brauche ich dringend einen Job.«

Erkan hört mir aufmerksam zu. Dann sagt er: »Weißt du was? Ich kenne jemanden, der dir helfen kann.«

»Was, echt? Wer denn?«, frage ich ganz aufgeregt.

»Jesus Christus!«

Im ersten Moment kann ich gar nicht glauben, was er da vom Stapel lässt. Ich fange an zu lachen.

»Komm schon, Erkan, du willst mich doch verarschen!«

»Ich mein das ernst. Jesus Christus kann dir helfen. Ich hab's selbst erlebt.«

»Aber was redest du da, du bist doch Türke!«

»Ja, klar, aber ich bin Christ geworden.«

Ausführlich erzählt mir Erkan, wieso er jetzt an Jesus Christus glaubt. Ich kriege kaum ein Wort mehr heraus. Wir tauschen Nummern aus und vereinbaren, uns wieder zu treffen.

Ich muss daran denken, was vor ein paar Tagen in meinem Zimmer passiert ist. Irgendwie habe ich den Eindruck, dass Jesus mich gehört hat! Ich komme gar nicht mehr klar. Seit Wochen bin ich clean, habe auch gar kein Verlangen nach Drogen. Dazu diese innere Ruhe. Jetzt treffe ich auch noch Erkan, einen Türken, der an Jesus glaubt. Ist mein Hilfeschrei auf offene Ohren gestoßen?

Da meldet sich wieder die innere Stimme: »Ach, so ein Quatsch, das ist alles nur Zufall!«

Das kann doch kein Zufall mehr sein. Ich hab zu Jesus gerufen, und jetzt passieren all diese Dinge. Das glaube ich nicht!

Doch leider ist meine Begeisterung genauso schnell weg, wie sie da war, und alles verläuft im Sande. Erkan meldet sich mehrmals bei mir, und wir vereinbaren, uns zu treffen, aber ich versetze ihn jedes Mal. Auf mich ist überhaupt kein Verlass. Ich bin unzuverlässig und tue nur, was mir Spaß macht. Aus den Augen, aus dem Sinn.

Allmählich wird es Herbst. Die kurzen Tage drücken auf die Stimmung. Oft regnet es den ganzen Tag. Durch die dicken Wolken kommt wenig Licht, und alles sieht so trostlos aus. An einem Nachmittag streune ich planlos am Isartor herum. *Hier haben* **CUBE** *und ich voll die krassen Bilder gesetzt. Schon wieder haben die Schweine alles weggeputzt.* Nachdenklich laufe ich die Straße entlang. *Wenn meine Kunst vergänglich ist, dann bin ich es auch!* Eine große Leere macht sich in mir bemerkbar.

Als ich bei *Pizza Hut* vorbeigehe, entdecke ich plötzlich Erkan am Fenster. Ich traue meinen Augen nicht und gehe rein. Auch Erkan sieht mich und springt auf: »Hey Pasquale, was machst du denn hier? Komm, setz dich zu uns!« Obwohl ich ihn mehrmals hängen gelassen habe, scheint er nicht sauer auf mich zu sein. Schon sitze ich mit Erkan und Moritz, einem Studienkollegen von Erkan, beim Essen. Sie diskutieren gerade über Politik und Religion. Moritz ist Atheist. Es geht hin und her. Zwei völlig unterschiedliche Weltanschauungen prallen aufeinander. Ich finde ihr Gespräch sehr interessant und höre aufmerksam zu.

Nach dem Essen laden sie mich ein, mit ihnen noch eine Kunstausstellung von Edvard Munch zu besuchen. Auf dem Weg dahin quatschen wir weiter.

»Was für ein Zufall, dass wir uns heute über den Weg laufen.«

Erkan schaut mich an und meint nur: »Es gibt keine Zufälle, Bro«, und klopft mir auf die Schulter. »Wie sieht's aus, wollen wir uns morgen treffen?«

»Voll gerne«, antworte ich, und wir machen was aus.

Als wir durch die Ausstellung laufen, bleibe ich vor dem berühmten Bild *Der Schrei* wie angewurzelt stehen. Ich sehe mir das Gemälde genau an. Der Mann presst die Hände gegen den Kopf. Sein Mund und seine Augen stehen weit offen. Der Himmel ist blutrot. Das Gesicht des Mannes sieht gespenstisch aus. Er ist voller Angst und schreit laut um Hilfe. Er läuft vor irgendetwas davon. Die ganze Szene auf dem Bild erinnert mich stark an meine hoffnungslose Situation.

Doch da entdecke ich noch etwas auf dem Bild: Im Hintergrund sieht man zwei Männer, die sich dem Schreienden nähern. Das gibt dem Ganzen etwas Hoffnungsvolles. Ich schaue zu Erkan rüber und bin froh, dass ich ihm begegnet bin.

HAUSKREIS

Erkan ist ein korrekter Typ, und wir werden immer bessere Freunde. Wir hängen so gut wie jeden Tag zusammen ab und machen irgendetwas. Entweder sitzen wir bei mir zu Hause oder sind unterwegs und treffen Leute. Seit Langem sehne ich mich nach echter Freundschaft. Mit Erkan kann ich endlich über alles reden, was mich beschäftigt.

Eines Abends, als wir wieder mal unterwegs sind, fragt er mich: »Pasquale, willst du mal mit in den Hauskreis kommen?«

»Hauskreis, was ist das denn?«, frage ich irritiert.

»Ein paar Freunde von mir treffen sich, und wir lesen zusammen die Bibel.«

Schmunzelnd antworte ich: »Ihr trefft euch zum Bibellesen? Das ist nicht dein Ernst, oder?«

»Was ist daran so komisch?«

»Meine Freunde haben mir erzählt, dass die Bibel hunderte Male umgeschrieben und verfälscht worden ist.«

»Das denken leider viele, aber die wenigsten haben jemals die Bibel durchgelesen. Ich kann dir die Bibel auch nicht beweisen, aber du kannst herausfinden, ob sie wahr ist.«

Ich fühle mich ertappt. Das trifft auch auf mich zu. Als krasser Legastheniker habe ich bis jetzt *noch nie* ein Buch zu Ende gelesen. Die Bibel habe ich auch nur ein einziges Mal aufgeschlagen. Mein Reli-Lehrer hat sie früher ab und zu im Unterricht erwähnt. Irgendwie dachte ich mir damals: *Ich würde zu gerne wissen, was da drinsteht.* Mehr als ein paar kleine Geschichten aus der Kirche kannte ich bis dahin nicht. Netterweise lieh mir mein Lehrer sein dickes Exemplar. Planlos blätterte ich darin herum. Als ich ganz hinten in der Bibel das Wort »Offenbarung« entdeckte, hörte sich das spannend an. Mir fiel ein, dass hier das Ende der Welt beschrieben sein sollte. *Nice, mal schauen, was die Zukunft bringt.* Für gute Inspiration sorgte ein kleiner Joint. *Dann fährt das Ganze noch besser ein*, dachte ich mir. Ich las tatsächlich einige Seiten über Engel und andere merkwürdige Wesen. Dann kamen irgendwelche Posaunen und Schalen darin vor. Aber ich checkte null, um was es ging. Total stoned legte ich die Bibel zur Seite. Es blieb für mich ein Buch mit sieben Siegeln.

Jetzt steht hier mein türkischer Freund Erkan und lädt mich allen Ernstes zum Bibellesen ein. Intuitiv muss ich lächeln. »Man kann sich das ja mal angucken …«

Als Erkan mich mitnimmt, weiß ich überhaupt nicht, was mich da erwartet. Das Ganze hört sich in meinen Ohren eher langweilig an und erinnert mich automatisch an kalte Kirchenbänke und alte Leute. Meistens laufe ich mit einem schwarzen Kapuzenpulli herum, trage Baggys, habe lange Haare und einen Vollbart. Auf manche wirke ich abschreckend und auf andere ziemlich fertig. Kurz bevor ich Erkan treffe, macht sich langsam Unsicherheit in mir breit. *Was werden diese Leute über mich denken? Da pass ich doch überhaupt nicht rein!* Ich bin kurz davor, den Schwanz einzuziehen.

Als wir ankommen, erlebe ich eine große Überraschung. Im Treppenhaus läuft Musik, eine schwangere Frau öffnet die Tür, grinst und sagt freundlich: »Servus Erkan, kummts nei!« Als wir ins Wohnzimmer kommen, sitzen da circa zwanzig Leute im Kreis und singen begeistert fromme Lieder. Aber nicht wie in der Kirche, sondern schneller, lauter, feuriger. *Alter, was geht denn hier ab?* Teilweise sehen sie genauso kaputt aus wie ich. Den meisten sieht man gleich an, dass sie schon im Knast waren oder Drogenerfahrung haben. Einer sticht mir sofort ins Auge. Er trägt enge Jeans und eine knallorange Jacke von der Müllabfuhr, hängt halb auf der Couch und schlägt wie wild auf der Trommel herum. Völlig aus dem Takt. Skeptisch setze ich mich auf einen freien Stuhl. Irgendwas in dieser Runde ist besonders.

Nach dem Krach bringt die schwangere Frau große, völlig überladene Teller mit Wurst- und Käsebroten herein. Der ganze Tisch ist voll mit Essen. Ein kräftiger Mann mit Bauch und zerzausten Haaren sagt in die Runde: »Lasst uns noch für das Essen danken.« Alle schließen die Augen, außer mir! Ungezwungen fangen ein paar von ihnen an, laut zu beten. Aber nicht, wie ich es aus der Kirche kenne – monoton und langweilig –, sondern natürlich und persönlich, als wäre Jesus im Raum. Mit scharfem Blick beobachte ich sie und denke mir: *Was sind das nur für Freaks?* Dann sagt einer »Amen«, und die Leute stürzen sich auf die belegten Brote und fangen an, laut miteinander zu reden. In wenigen Minuten ist alles weggeputzt.

SHOCKING MESSAGE

Danach wird aus der Bibel gelesen. Folgende Szene spielt sich ab: Jesus ging mit seinen zwölf Freunden durch die Gegend. Riesige Menschenmassen folgten ihnen, weil er viele Kranke heilte. Als es Abend wurde, wollte Jesus niemanden hungrig nach Hause schicken. »Sorgt dafür, dass die Leute sich auf den Boden setzen«, sagte er zu den Zwölfen. Jesus tat ein Wunder und vermehrte fünf Brote und zwei Fische zu unzähligen Stücken und sättigte zigtausende Männer, Frauen und Kinder. Die Leute waren völlig aus dem Häuschen. Begeistert schrien sie: »Jesus, du sollst unser König sein!«, denn sie verstanden, was das bedeuten würde. Er könnte sie immer mit Essen versorgen. Aber dann geschah etwas sehr Ungewöhnliches. Jesus erkannte, dass sie ihn um jeden Preis zum König haben wollten. Deshalb versteckte er sich vor ihnen.

Die Leute fangen an, über das Gelesene zu diskutieren und ganz frei darüber zu sprechen. Ich habe überhaupt keinen Plan, um was es geht, und höre nur zu.

An diesem Abend habe ich ein Schlüsselerlebnis. Denn für mich ist es unfassbar, was ich da gerade gehört habe. Ich hebe die Hand und sage: »Entschuldigt mal, aber das habe ich nicht ganz kapiert.« Sofort wird es leise. Alle schauen mich an. »Wie kann jemand es ablehnen, König zu werden? Dadurch verschenkt er doch die größte Chance seines Lebens!«

Für mich ist das die Eine-Million-Mark-Frage. Seit Jahren versuche ich mir um jeden Preis einen Namen zu machen und berühmt zu werden. Ich habe alles darangesetzt, an die Spitze zu kommen. Das ist mein einziges Ziel, mein Sinn im Leben! Ich wollte der **KING** sein! Und jetzt höre ich von jemandem, der König werden kann, aber *freiwillig* darauf verzichtet. Das geht nicht in meinen Kopf rein.

Der Mann neben mir merkt, dass ich geschockt bin und um eine logische Erklärung ringe. Er krault seinen Rauschebart, und dann haut er einen Satz raus, der mich voll wegbläst:

»Weißt du, Jesus kam nicht, um König zu sein. Jesus kam, um für deine Sünden zu sterben!«

Diese Worte dringen wie ein Pfeil in meine Seele. Ich versuche mir nichts anmerken zu lassen, bleibe locker, aber innerlich brennt es wie Feuer. Nachdenklich höre ich weiter zu.

Als der offizielle Teil vorbei ist, kommt ein auffälliger Kerl auf mich zu und begrüßt mich freundlich. Zwei Meter groß, kurz rasierte Glatze und ein Kreuz wie ein Bademeister.

»Grüß dich, ich bin Jannis«, sagt er, und ein Schraubstock-Händedruck folgt.

»Hi, ich bin Pasquale.«

»Schön, dass du hier bist.« Er zwinkert mir kurz zu und verabschiedet sich.

Der Abend ist schnell rum. Auf dem Nachhauseweg presse ich Erkan wie eine Zitrone aus.

»Digga, was waren das für schräge Typen?«

»Wie meinst du das?«

»Ja, hast du nicht den orangen Kanarienvogel gesehen? Bei dem war nicht nur der Takt auf der Bongo schief.«

»Das ist Franz Huber. Der war mehr als zwanzig Jahre Hardcore-Junkie. Davon hat er bestimmt fünf Jahre im Knast und in der Psychiatrie verbracht. Er war früher oft in Holland auf Entzug. Deshalb die orangefarbene Jacke. Er ist Holland-Fan. Doch alle Therapien haben nichts gebracht, er wurde immer wieder rückfällig. Erst durch Jesus Christus ist Franz vom Heroin ganz weggekommen. Jetzt ist er schon mehr als fünfzehn Jahre clean.«

»Wie bitte? Fünfzehn Jahre? Das ist ja Wahnsinn.« Ich weiß, was es heißt, süchtig zu sein, und kann mir nicht mal vorstellen, einen Monat clean zu bleiben.

»Dass Franz noch lebt, ist ein großes Wunder«, meint Erkan. »Er hatte schon viele Überdosen. Jesus hat ihn vor dem sicheren Drogentod bewahrt.«

»Und wer war der zutätowierte Schrank?«

»Hahaa!« Erkan lacht los. »Das ist Jannis, der Grieche.«

»Der ist krass, oder?!«

»Ja, Jannis war früher in der Hooligan-Szene. Jeder hat sich vor ihm gefürchtet, weil er als brutaler Schläger bekannt war. Mit dem war nicht zu spaßen. Er ist dann auch ein paar Jahre im Knast gelandet. Da hat er angefangen, die Bibel zu lesen. Jesus hat sein ganzes Leben umgekrempelt und aus ihm einen neuen Menschen gemacht. Heute ist er ein liebevoller Familienvater und führt ein ganz ›normales‹ Leben.«

Zu Hause angekommen, schwirrt mir immer noch der Kopf. »*Jesus kam nicht, um König zu sein. Jesus kam, um für deine Sünden zu sterben!*« Dieser Satz lässt mich nicht mehr los. Von klein auf habe ich Kreuze mit Jesus gesehen, aber ich wusste nie, was das bedeutet. Heute erfahre ich, warum das Ganze – *wegen meiner Sünden*.

Ich nehme die Hände vors Gesicht. Vor meinen Augen spielt sich ein Film ab. Es sind Szenen, die mir bekannt sind. Zu Hause gibt's Ärger. Respektlos beschimpfe ich meine Eltern. Mama weint. Wütend renne ich raus. Der Film springt zwischen verschiedenen Szenen hin und her. Ich sehe mich, wie ich Leute abziehe, einen Typen niederstiefele, Sachen zerstöre, vor Bullen wegrenne. Der Film wird schneller. Innerhalb von Sekunden schießen mir tausend Szenen durch den Kopf. Ich versuche den Film abzuschalten, aber es funktioniert nicht. Die Szenen wiederholen sich, werden zum Horrorfilm! Dazwischen immer wieder der Satz: »*Jesus starb für meine Sünden!*« Mein ganzes Leben, all die bösen Gedanken und Taten sind wie ein Hammerschlag auf das Kreuz.

Plötzlich der Geistesblitz: *Jesus liebt mich, obwohl ich so böse bin. Er will mich retten!* Während ich darüber nachdenke, meldet sich wieder diese andere Stimme: »Hey Pasquale, hör auf, dich so fertigzumachen. Es gibt viel schlechtere Menschen als dich.« Der Kampf in mir tobt. Irgendetwas will mich daran hindern, an Jesus zu glauben. Aber ich will meine bösen Taten nicht länger verdrängen. Ich habe vor Gott viel Schuld angehäuft.

Jetzt fällt es mir wie Schuppen von den Augen. Wenn sich mein Leben ändern soll, muss ich runter von meinem Thron. Gottes Liebe ergreift mich: *Jesus starb an meiner Stelle, weil er mich liebt.*

Ich schließe die Augen: »Jesus, ich glaube an dich. Vergib mir meine Sünden. Bitte komm in mein Leben. Ich will, dass du mein König bist.«

Kaum habe ich diesen Satz zu Ende gesprochen, stoppt das Gedankenkarussell. Ich spüre, wie Gottes Liebe mein Herz durchdringt. Irgendwie weiß ich, dass Jesus meine ganze Schuld gelöscht hat. Abgekämpft, aber befreit von meiner Last, schlafe ich tief und fest ein.

NEW LIFE

Am Morgen erwache ich und spüre immer noch deutlich die tiefe Liebe der Vergebung. Es ist so, als ob ich über Nacht ein anderer Mensch geworden wäre. Diese riesige Freude muss ich mit jemandem teilen. Als Erstes kommt mir Maria in den Sinn.

»Ciao Amore, wie geht es dir? Ich muss dir was Tolles erzählen …« Voller Begeisterung berichte ich ihr von meiner Gotteserfahrung.

Doch Maria reagiert ganz anders, als ich es erhofft hatte. »Pasquale, hast du wieder was genommen?«

»Maria, was sagst du da? Ich schwöre, ich hab nichts genommen!« Ihre Aussage verletzt mich.

Unser Telefonat dauert nicht lange. *So schade*, denke ich und rufe Erkan an. Ich erzähle ihm genau, was letzte Nacht passiert ist.

Er ist total begeistert. »Nein, hör auf, was sagst du da für Sachen, das ist ja hammermäßig!«, dröhnt es durch die Leitung. »Pasquale, Jesus hat dich gerettet!«

Erkan freut sich über diese Neuigkeit fast noch mehr als ich. Obwohl ich nicht wirklich verstehe, was er damit meint, bin ich auch total happy darüber. Später hole ich Erkan von der Kunstakademie ab. Wir hocken uns in eine Döner-Bude und essen erst mal etwas. Dabei frage ich noch mal nach, was er denn vorhin genau meinte. Erkan erklärt mir alles in Ruhe.

»Pasquale, hör zu, wenn wir an Jesus Christus glauben und ihm unsere Sünden bekennen, kommen wir nicht in Gottes Gericht, sondern wir sind freigesprochen. Jesus hat dich vor der ewigen Strafe gerettet und dir stattdessen das Recht auf neues, ewiges Leben geschenkt.«

»Erkan, das ist jetzt nicht dein Ernst, oder?« In diesem Moment wird mir noch mal Gottes reiche Liebe bewusst. »Also habe ich von Gott eine zweite Chance bekommen?«

»Ja, Mann, genau so sieht's aus.« Erkan zieht ein kleines Neues Testament heraus und zeigt mir ein paar Stellen, an denen das steht.

»Abgefahren. Das ist total abgefahren«, sage ich laut vor mich hin.

Die Gäste am Nebentisch bekommen unser Gespräch voll mit, drehen den Kopf und schauen uns komisch an. Uns ist das völlig egal, wir unterhalten uns weiter. Ich freue mich riesig, so sehr, dass ich fast platze.

IDENTITY

Ich habe das große Verlangen, mehr über Jesus zu erfahren. Sooft es geht, fahre ich in den Hauskreis. Das merkt sogar meine Mutter. Irgendwann fragt sie skeptisch: »Wo du fahren wieder mit die kleine Turko?«

»Mama, Erkan und ich gehen zum Bibellesen.«

Da fällt ihr nichts mehr ein.

Ich freue mich schon, die Leute wiederzusehen. Sie tun mir gut. Wir begrüßen uns jedes Mal total herzlich, klatschen ab, umarmen uns brüderlich.

Nach dem mächtigen Gesang wird noch kurz gebetet. Im Anschluss lesen wir einen Abschnitt aus der Bibel, und Alex sagt etwas dazu. Er ist kein Theologe – wie auch keiner der sonstigen Anwesenden. Trotzdem kennt er sich sehr gut in der Bibel aus. Durch seine lebendige Art kann er die Geschichten so spannend nacherzählen, dass ihm alle gebannt zuhören.

An einem Abend sagt Alex: »Jeder Mensch hat den Wunsch nach Liebe, Anerkennung und Bedeutung – oft innerhalb der eigenen Gruppe. Dahinter verbirgt sich die Unsicherheit darüber, wer man eigentlich ist. Der moderne Mensch steckt in einer großen Identitätskrise.«

Dann bringt er einen krassen Spruch: »Wir werden als Originale geboren und sterben als Kopien. Doch Gott möchte jedem seine echte Identität wiedergeben.« Ich werde hellhörig. »Durch Gott können wir endlich die Menschen sein, die wir wirklich sind.«

Nach dem Hauskreis gehe ich zu ihm. »Du, Alex, kann ich kurz mit dir reden?«

Er merkt, dass mich etwas umtreibt. »Schieß los, wo drückt der Schuh?«

»In mir schwirrt eine Frage, die mir keine Ruhe lässt: Wozu bin ich eigentlich hier?«

Alex räuspert sich kurz und sagt dann: »Schau mal, ein Mensch kann auf Dauer nicht leben, ohne zu wissen, welche Bedeutung er hat. Eine Zeit lang geht das, aber auf Dauer nicht! Und wenn er sie nicht in seinem Schöpfer findet, dann muss er sie sich von irgendwo anders herziehen. Die meisten Leute basteln sich dann ihren Lebenssinn zusammen: ihr Fußballclub, ihre Musikband oder irgendetwas anderes. Viele finden darin ihren Lebenssinn. Vor 150 Jahren lag der Sinn des Lebens in der Regel noch klar auf der Hand: Gott!

Die Leute glaubten nämlich noch an die Bibel. Sie beantwortet die drei wichtigsten Fragen des Menschen, nämlich, wer Gott ist, wer du bist und wozu du lebst! Jeder von uns stellt sich früher oder später diese Fragen. Wir können sie vielleicht verdrängen, aber sie lassen uns nie völlig los. Wenn du mehr dazu wissen willst, musst du dich mit der Bibel befassen. Darin kannst du eine Menge darüber erfahren, wie Gott ist und wie er sich das mit uns Menschen gedacht hat.«

Nach einer kurzen Pause fügt Alex noch einen wichtigen Satz hinzu: »Der wahre Sinn im Leben kann dem Menschen auch seine wahre Identität geben.«

»Aber genau danach suche ich die ganze Zeit. Ich bin **CRASH**, und Graffiti ist der Sinn in meinem Leben! Das ist meine Identität.«

»Aber nicht deine wirkliche, sondern eine selbst ausgedachte. Du definierst dich über das, was du tust. Das ist ein Irrtum.«

»Und wie finde ich meine wahre Identität?«

»Ich persönlich bin davon überzeugt: Wer Jesus findet, der findet auch seine wahre Identität. Er gibt uns den wahren Wert und die Sicherheit, nach der wir suchen.«

Seine Worte machen mich sehr nachdenklich. Bis dahin dachte ich immer, dass jeder selbst entscheidet, welchen Sinn er seinem Leben geben möchte. Ich habe Graffiti zu meinem Lebensinhalt gemacht. Doch langsam leuchtet mir ein, warum mir das keine bleibende Erfüllung geben konnte.

BOOKSHOP

Durch den Hauskreis wird es mir immer wichtiger, mich mit der Frage nach Gott und der Glaubwürdigkeit der Bibel ernsthaft auseinanderzusetzen. Ich möchte mir meine eigene Meinung darüber bilden. Der beste Weg ist, selbst die Bibel zu lesen.

»Hey Erkan, weißt du, wo ich eine Bibel herbekomme?«

»Ich kenne einen Buchladen am Rotkreuzplatz. Die verkaufen Bibeln.«

»Dann lass uns da mal hinfahren!«

Im Laden stehe ich vor einem Bücherregal voll mit Bibeln. Große, kleine, dicke, dünne, schwarze, rote – ich bin ganz verwirrt. Ich ziehe eine kleine, schwarze Taschenbibel heraus und schaue sie mir genauer an. Die Bibel liegt gut in der Hand, wie eine Dose. Sie gefällt mir. Ich gucke auf den Preis. *Wie bitte, 22 Mark? Oh Mann, sind die Teile teuer.* Das ist eine Menge Geld für einen Arbeitslosen.

Ich stöbere weiter im Regal, in der Hoffnung, eine günstigere zu finden. Doch die nächste kostet gleich 25 Mark. *Dann doch lieber die andere.* Als ich zur Kasse gehen will, sehe ich, dass eigentlich *alle* Taschenbibeln 25 Mark kosten. *Was soll ich jetzt tun?* Normalerweise denke ich bei so etwas gar nicht lange nach. Hier ergäbe sich immerhin die Gelegenheit, drei Mark zu sparen. Ich zögere einen Moment. In mir wird eine Stimme laut: *Ich möchte nicht mehr so weitermachen wie früher.* Ziemlich schnell weiß ich, was zu tun ist.

Erkan kommt um die Ecke. »Bro, wie sieht's aus, hast du was gefunden?«

»Ja, ich hab die richtige Bibel gefunden.«

Als ich an der Kasse stehe, sage ich zur Verkäuferin: »Ich würde gerne die Bibel hier kaufen, aber der Preis stimmt nicht.«

Die Verkäuferin schaut mich merkwürdig an. Sie überprüft die Preise: »Oh, da ist uns ein kleiner Fehler unterlaufen. Danke für den Hinweis. Das macht dann genau 25 Mark.«

Erkan staunt nicht schlecht, als ich der Frau das sage. Ich schiebe die Scheine über die Theke und gehe zufrieden aus dem Laden. Es fühlt sich gut an, das Richtige zu tun.

Draußen höre ich Erkan sagen: »Krass, Pasquale, was geht bei dir ab?«

»Erkan, ich habe mich entschieden, mit Gott einen neuen Anfang zu machen!«

Wir grinsen uns an und steigen in den Bus. An diesem Tag kaufe ich mir zum ersten Mal in meinem Leben ein Buch – die Bibel!

EXPERIENCE

»Alter, das sind ja über tausend Seiten!«, stelle ich fest. »Das schaffe ich nie.«

»Du musst die Bibel ja nicht an einem Tag durchlesen. Fang mit der Geschichte von Jesus an. Die liest sich ganz easy«, schlägt mir Erkan vor.

Ich stehe kurz unter Schock, als ich das dicke Buch durchblättere. Ich bekomme Schiss. Trotzdem lege ich noch am selben Tag mit dem Matthäusevangelium los. Aber meine Legasthenie macht mir sehr zu schaffen. Fast bei jedem Wort stocke ich. Lange Sätze muss ich dreimal lesen, bis ich sie verstehe. Ich lese wie ein Erstklässler. Trotzdem kämpfe ich mich Wort für Wort und Seite für Seite durch. Es dauert Wochen, bis ich mit Matthäus fertig bin. Aber ich bleibe dran und lese Tag für Tag einen kleinen Abschnitt. Denn die Geschichten lesen sich wie ein Drehbuch für einen spannenden Actionfilm – und ich liebe Actionfilme. An manchen Stellen packt es mich emotional, und ich gehe voll mit.

Die Bibel zeigt mir, was vor fast zweitausend Jahren passiert ist. Zum ersten Mal erfahre ich, dass der Gott, der Himmel und Erde geschaffen hat, Mensch wurde, um mitten unter uns zu leben, für unsere Sünden zu sterben und nach drei Tagen wieder aufzuerstehen. Es ist die größte Geschichte aller Zeiten.

REST

Bald fällt mir etwas sehr Entscheidendes auf: Die Geschichten aus der Bibel haben oft etwas mit meinem Leben zu tun. Das überrascht mich zuerst. Während der Schulzeit habe ich immer gehört, dass die Bibel nicht mehr in unsere moderne Zeit passt. Dass sie überholt ist und uns nicht mehr viel zu sagen hat. Aber jetzt öffnet sich mir ein ganz neuer Horizont. Ich merke, wie praktisch die Bibel ist und wie sie meine Lebensfragen beantwortet. Für mich ist es so, als ob die Sonne aufgeht. Ich selbst hatte die Vorstellung, dass Gott streng ist und hauptsächlich bestraft. Ich sah in ihm den großen Spielverderber, der alles verbietet, was Spaß macht. Aber der Gott, den mir Jesus vor Augen malt, ist komplett anders. Gott möchte mich nicht bestrafen, sondern *retten*. Er will mir auch nichts wegnehmen, sondern alles *schenken*. Gott liebt uns Menschen. Er möchte, dass wir endlich nach Hause kommen und Ruhe finden.

Ein Satz, der mir das besonders deutlich macht, ist der: *»Kommt her zu mir, alle ihr Mühseligen und Beladenen, und ich werde euch Ruhe geben. Nehmt auf euch mein Joch und lernt von mir …, und ihr werdet Ruhe finden für eure Seelen«* *(Matthäus 11,28).*

Ein riesiger Kronleuchter geht mir auf: »Komm zu mir«, sagt Jesus, »dann brauchst du die Lasten des Lebens nicht mehr allein zu tragen.«

Ich entdecke faszinierende Geschichten von Heilungen, Annahme und Liebe. Und manchmal muss ich aufhören zu lesen, weil ich so ergriffen bin. Besonders die Geschichten im Johannesevangelium sprechen mich an.

Ich liege stundenlang in meinem Zimmer und sauge jedes Wort wie ein Schwamm auf. Meine Begeisterung wird jeden Tag größer. Zeitweise verschlinge ich die Bibel regelrecht, kann nicht mehr aufhören zu lesen. Das ist für mich ein echtes Wunder. Mit neunzehn lese ich zum ersten Mal ein Buch. Früher habe ich nur Fernsehen geguckt. Und wenn es vorkam, dass ich einen Comic gelesen habe, waren mir selbst die Sprechblasen zu viel. Aber das hier ist etwas vollkommen anderes. Jede Seite in diesem Buch fesselt mich. Ich habe den Eindruck, dass die Worte lebendig sind. Was ist mir bis jetzt bloß entgangen?

CUT OFF

Nachdem ich von Maria seit längerer Zeit keinen Anruf und keinen Brief bekommen habe, muss ich ihre Stimme hören, egal was es kostet. Als Maria abhebt, merke ich sofort, dass mit ihr irgendetwas nicht stimmt.

Nach den üblichen Floskeln sagt sie: »Basqua, wir sind vor ein paar Tagen mit Freunden nach Rom gefahren.«

Ich werde ganz aufmerksam: »Echt? Ja, und wie war's?«

»Es war wunderschön. Wir haben total Spaß gehabt und viel erlebt.« Dann zögert sie etwas und sagt schließlich: »Du ... Ich habe in Rom einen Jungen kennengelernt.«

»Waaas?« Für einen Moment bleibt mein Herz stehen. »Aber Maria, du hast doch gesagt, du liebst mich!«

Es ist totenstill. Ich merke, wie es in ihr arbeitet. »Aber du bist so weit weg. Ich kann das nicht auf Dauer.«

Als ich diesen Satz höre, verschlägt es mir die Sprache. Ihre Aussage trifft mich wie ein Schlag. Innerhalb von Sekunden bricht für mich eine Welt zusammen. Voller Wut haue ich den Hörer auf das Telefon und fange an zu brüllen: »Ich reiß dem Kerl den Arsch auf! Ich lass mir doch nicht mein Mädchen ausspannen!« Total fertig mit den Nerven werfe ich mich auf das Bett und fange an zu weinen. Ich bin so verletzt, dass ich nicht mehr klar denken kann. Das Gefühl der Ablehnung ist unerträglich. Gefährliche Gedanken überkommen mich – Gedanken des Hasses, Gedanken der Enttäuschung, Gedanken, nicht mehr leben zu wollen.

Kurz bevor die Situation zu kippen droht, kommt mir der rettende Gedanke: Ich schlage die Bibel auf und lese einfach los. Dabei passiert etwas Wundervolles. Meine Augen bleiben an einer Stelle hängen, die direkt in meine Situation spricht: »*Siehe, euer Gott kommt …! Er selbst kommt und wird euch retten« (Jesaja 35,4).* Und an einer anderen Stelle lese ich: »*… der da heilt, die zerbrochenen Herzens sind, und ihre Wunden verbindet« (Psalm 147,3).*

Diese Worte schlagen ein wie ein Hammer. Es ist, als ob Jesus persönlich zu mir sagen würde: »Halt, warte! Du bist nicht allein. Ich bin bei dir!« Dieses Wort richtet mich seelisch wieder auf, und ich werde innerlich ruhig. Natürlich verschwindet der Trennungsschmerz nicht sofort. Aber zu wissen: Jesus bleibt für immer bei mir, egal was kommt, das gibt mir Sicherheit. Was für ein toller Gott!

Unbewusst hatte ich Maria – und vor ihr Steffi – zu meinem Lebenssinn gemacht. Über sie holte ich mir Selbstbestätigung und das Gefühl, etwas Besonderes zu sein. Aber letzten Endes konnten sie mein Bedürfnis nach Liebe nicht ausfüllen.

Erst durch den Glauben wird mir bewusst: *Menschen* werden nie in der Lage sein, die emotionalen Bedürfnisse meines Herzens völlig zufriedenzustellen. Ihre Liebe ist begrenzt und deshalb nie genug. Es muss also noch etwas anderes geben: *Gott* ist als Einziger in der Lage, meine Sehnsucht nach Liebe und Annahme völlig zu stillen.

RESPONSE

Am liebsten hänge ich mit meinen Freunden aus dem Hauskreis bei Franz Huber ab. Er ist oft zu Hause, und man kann jederzeit bei ihm einlaufen. Das stört einen echten 68er nicht. Ganz im Gegenteil, Franz liebt Besuch, bei ihm ist Leben in der Bude. Ständig gehen Leute ein und aus.

Ich habe immer noch keine Arbeit – mittlerweile schon über ein Jahr. Franz macht mir Mut und schlägt mir vor, für die Sache zu beten. »Willst du nicht Jesus in deine Not lassen? Bei ihm gibt es keine hoffnungslosen Fälle.« Für so etwas zu beten, ist mir fremd, und ich finde es etwas naiv. Aber dann denke ich mir: *Egal, bis jetzt hat es mir nicht geschadet.* So fangen wir an, für einen Job zu beten: »Jesus Christus, bitte hilf mir, dass ich Arbeit finde. Ich brauche dringend einen Job, um besser vor dem Richter dazustehen.«

Was ein paar Tage später geschieht, ist unglaublich. Zum ersten Mal erlebe ich bewusst, dass mein Gebet erhört wird.

Ich bin gerade in einem Einkaufscenter unterwegs und treffe da »zufällig« meinen alten Klassenkameraden Markus.

»Hey, Wahnsinn, Markus, wo kommst du denn her? Wir haben uns ja ewig nicht mehr gesehen.«

Große Umarmung. Festes Drücken. Lautes Lachen.

»Was geht ab, wie geht's dir?«

Wir erzählen uns, was seit der Schule alles passiert ist, reden über alte Schulkameraden und was gerade so läuft. Dabei erwähne ich auch, dass ich momentan arbeitslos bin. Markus selbst hat einen coolen Job als Bühnentechniker bei der Bayerischen Staatsoper.

»Hey Basqua, warum kommst du nicht einfach bei uns vorbei und fragst nach, ob sie noch Leute brauchen?«, rät er mir.

»Meinst du wirklich?«

»Versuchen kannst du es. Die suchen immer wieder Aushelfer. Ich hab sogar die Nummer, bei der du anrufen kannst.«

FRANZ HUBER (RECHTS) UND EIN ANDERER FREUND AUS DEM HAUSKREIS

MIRACLE

Zu Hause angekommen, rufe ich sofort bei der Staatsoper an.

»Guten Tag, mein Name ist Pasquale Koukos. Ich wollte fragen, ob Sie noch Aushelfer suchen.«

»Könnte gut sein. Aber die zuständige Person ist gerade im Urlaub. Probieren Sie es nächste Woche noch mal.«

»Okay, mach ich, vielen Dank.«

Am Montag probiere ich es sofort wieder. Tatsächlich erreiche ich einen Mann, der mir sagt, dass sie auf der Bühne noch Verstärkung brauchen könnten.

»Bitte stellen Sie sich am Mittwoch um zwölf Uhr bei uns im Büro vor.«

»Ja, sehr gerne. Vielen Dank für Ihre Hilfe. Auf Wiederhören.«

Als ich auflege, schreie ich vor Freude laut herum und mache einen riesigen Luftsprung.

Meine Mutter kommt rein: »Was isse da los, du verricke geworden, haa?«

»Mama, vielleicht habe ich eine Arbeit gefunden!«

Mittwochvormittag fahre ich also zum Marienplatz. Es ist ein trüber, verregneter Tag. Verwirrt stehe ich auf einem großen Platz vor der Bayerischen Staatsoper und weiß nicht, wohin. Es ist ein riesiges Gebäude mit hohen römischen Säulen. Über den Säulen ist ein schönes Bild aus goldenen Mosaiksteinen, mit tanzenden Frauen und einem weißen, geflügelten Pferd in der Mitte. Ich laufe zu dem großen Eingangstor, aber alles ist verschlossen. Ein kurzer Blick auf die Uhr: *Was, schon fünf vor zwölf!? Wo muss ich hin?* An der Seite des Gebäudes sehe ich eine Glastür, durch die Leute ein und aus gehen. *Vielleicht ist das der Personaleingang?* Ich renne zum Eingang. Dort sitzt ein Pförtner.

»Entschuldigung, wissen Sie vielleicht, wo man sich hier als Aushelfer vorstellt?«

»Keine Ahnung«, dröhnt es durch den Lautsprecher.

»Dürfte ich kurz telefonieren?«

»Hier an der Wand hängt das Telefon.«

Eilig tippe ich die Nummer ein, aber keiner hebt ab. *So eine Kacke! Und was jetzt?* Langsam merke ich, wie ich Panik bekomme. *Das mit dem Job kann ich vergessen!* Verzweifelt flüstere ich: »Jesus, was soll ich nur machen? Bitte hilf mir!«

Im nächsten Augenblick biegt Markus um die Ecke und läuft direkt an mir vorbei. Einen Moment lang denke ich, ich träume.

»Markus!«

»Hey Basqua, was machst du denn hier?«

»Markus! Wahnsinn, dich schickt der Himmel. Ich soll mich um zwölf Uhr vorstellen, aber ich weiß nicht, wo ich hinmuss.«

»Komm mit, ich zeig dir, wo die Beleuchter sind.«

Markus führt mich hoch zu einer riesigen Theaterbühne, auf der Techniker und Arbeiter kreuz und quer herumlaufen. Sie schieben Holzplatten, Requisiten und Scheinwerfer durch die Gegend, Stangen mit Leinwänden fahren auf und ab.

»Vorsicht, nach oben schauen!«, höre ich einen rufen. Auf der Bühne riecht man einen ganz speziellen Geruch von abgestandenem Parfüm, frischem Maschinenöl und verstaubten Kulissen. Mit großen Augen gehe ich über die gigantische Fläche und denk mir nur: *Was geht hier ab?*

In einem Nebensatz erwähnt Markus: »Ich bin heute nur zufällig zur Arbeit gefahren, um etwas abzugeben. Eigentlich habe ich heute frei.«

Er führt mich in einen kleinen Aufenthaltsraum hinter der Hauptbühne. Dort steht ein Mann mit kantigem Kinn und schulterlangen blonden Haaren. Er raucht gemütlich eine Zigarette und schaut aus dem Fenster. Es ist kurz nach zwölf!

»Hallo Herr Berger, das ist Herr Koukos, ein alter Bekannter. Er sucht eine Stelle als Aushelfer. Haben Sie was für ihn?«

»Was sind Sie von Beruf?«, fragt er direkt.

»Ich bin gelernter Elektriker – und brauche dringend Arbeit.«

Der Abteilungsleiter nimmt den Telefonhörer und ruft einen Mitarbeiter an. »Könnten Sie bitte kurz hochkommen?« Wenige Minuten später erscheint ein älterer Mann mit Bierbauch, Brille und Bart. »Dieser junge Herr möchte als Aushelfer anfangen. Können wir noch jemanden gebrauchen?«

»Schau ma moi, dann seng mas scho«, meint er auf Bayrisch und dreht sich zu einem Schrank, an dem mehrere Dienstpläne hängen. Über den Brillenrand schauend fährt er mit dem Finger die Namensliste ab. Ich bin total aufgeregt. Als er fast unten angekommen ist, sagt er: »Ha, Glück gehabt, einer ist noch frei.«

»Echt?!!!« In mir explodiert ein Feuerwerk.

»Wann können Sie anfangen?«

»Wenn es geht, sofort«, antworte ich wie aus der Pistole geschossen.

»Dann kommen Sie bitte morgen um 14:30 Uhr mit Ihren Unterlagen her. Ich bereite den Arbeitsvertrag vor.« Der Beleuchtungsmeister verabschiedet sich mit einem festen Händedruck und verlässt den Aufenthaltsraum.

Als ich das Gebäude verlasse, kann ich mein Glück kaum fassen. Nach so langer Zeit habe ich endlich wieder einen Job! Draußen auf dem Platz sehe ich zum Himmel hinauf. Die Sonne lacht mich an. Ich kann nicht anders und juble laut: »Jesus, ich danke dir! Du lebst!«

Durch diese Erfahrung ergibt sich für mich eine völlig neue Perspektive. Das war viel mehr als nur Zufall – es war ein Wunder. Ich habe erlebt, wie Jesus schon wieder auf meinen Hilfeschrei reagiert hat. Erst schickte er mir Erkan vorbei, und heute laufe ich Markus über den Weg. Ich erkenne darin sein Handeln.

Auf dem Nachhauseweg wird mir auch noch mal deutlich: Ohne meinen Gesellenbrief hätte ich den Job nicht bekommen. Gut, dass ich die Ausbildung doch noch irgendwie durchgezogen habe, nachdem ich zwischendurch fast aufgegeben hätte.

Zu Hause angekommen, erzähle ich meinen Eltern die ganze Story. Sie staunen und können fast nicht glauben, was ich erlebt habe.

»No, du lavoro gefunde?«

»Ja, Mama, ich kann morgen anfangen!«

Mein Papa gibt ebenfalls einen kurzen Kommentar ab: »Bravo Americano! Machst du nix blede Sache mehr.«

Auch Markus rufe ich an und bedanke mich tausendmal bei ihm. »Markus, du weißt nicht, was du für mich getan hast. Dafür werde ich dir für immer dankbar sein.«

Am Abend fahre ich zu Franz und den anderen. Mit Spannung wollen sie wissen, was beim Vorstellungsgespräch rausgekommen ist. Als sie die Story hören, sind alle total baff.

»Naaaa, des gibt's net, Alter Schwede. Halleluja, Gott ist gut!«, ruft Franz. »Jesus ist der Beste. Er hat unsere Gebete gehört.« Er hebt die Hände in die Luft und fängt an zu tanzen: »Alter Schwede, bei Gott gibt es keine hoffnungslosen Fälle. Halleluja!« Wir stimmen ein und hüpfen mit.

HARD WORK

Die nächsten sieben Jahre arbeite ich als Bühnenbeleuchter in der Bayerischen Staatsoper. Da erlebe ich fantastische Momente. Ich entdecke die Welt des Theaters, lerne viel über Kunst und Kultur, treffe einige der berühmtesten Opernsänger der Welt. Bis auf ein paar Ausnahmen sind meine Arbeitskollegen richtig cool drauf. Mein neuer Job gefällt mir, und ich hänge mich voll rein. Das Ausleuchten von Bühnenbildern macht mir mächtig Spaß, mein Horizont erweitert sich täglich. Zuerst bekomme ich kleine Aufgaben, die ich treu ausführe. Später werden mir andere Arbeiten mit mehr Verantwortung übertragen. Meinem Chef fällt auf, dass ich zuverlässig bin und einen guten Job mache. Nach drei Jahren befördert er mich. Ich freue mich über sein Vertrauen. Die kommenden Jahre arbeite ich komplett selbständig, betreue Bühnenproben und Opernstücke.

Dass ich regelmäßig zur Arbeit gehe und ehrlich mein Geld verdiene, ist für meine Eltern vielleicht der größte Beweis, dass Jesus mein Leben verändert und ein unbegreifliches Wunder vollbracht hat.

Doch vieles liest sich einfacher, als es wirklich ist. Die Schichtarbeit und der Alltagstrott sind ein täglicher Kampf.

Auch das Schleppen von riesigen Bühnenteilen und schweren Scheinwerfern verlangt mir viel ab. Es dauert Monate, bis ich mich an den harten Job gewöhnt habe. Oft komme ich spät nach Hause, völlig platt falle ich ins Bett. Auch mein jahrelanger Drogenkonsum macht sich noch lange bemerkbar. Ständig vergesse ich Aufgaben, die ich zu erledigen habe. Das deprimiert mich sehr. Kollegen sprechen mich an: »Sag mal, hast du Alzheimer?« Dann komme ich mir ziemlich blöd vor. An manchen Tagen bin ich kurz davor, das Handtuch zu werfen. Ich verzweifle an mir. Doch irgendwie schenkt Gott jeden Morgen neue Kraft, nicht aufzugeben. Es bleibt eine ständige Herausforderung. Doch ich merke auch positive Veränderung in meinem Leben. Ich verstehe, dass mein himmlischer Vater mich zu einer reifen Persönlichkeit machen will, zu einem echten Mann, der bereit ist, Verantwortung zu übernehmen.

HAVE A BREAK

An einem gewöhnlichen Tag fahren Erkan und ich zur **HALL OF FAME** im Schlachthofviertel. Wir haben vor, eine Wand zu machen. Hier ist immer was los. Da begegnen uns viele Sprüher und »Kollegen«. Erkan und ich klatschen mit den anderen ab, labern kurz, und dann legen wir los. Erkan sprüht eine zehn Meter lange Pergamentrolle und schreibt Verse aus der Bibel drauf. Ich hingegen setze einen **WILDSTYLE** daneben, mit versetzten Buchstaben, knalligen Farben und einer Menge Pfeile. Viele bleiben stehen, gucken zu. Geiles Feeling ist angesagt. Als ich merke, wie mir die Leute zuschauen, fange ich an, meine gewohnte Show abzuziehen. Mein Bild, meine Action, die Art, wie ich abgehe, machen Eindruck. Der alte **CRASH** ist wieder zum Leben erwacht.

Ich schaue zu Erkan rüber und ziehe ihn auf: »Hey Erkan, häng dich mal ein bisschen mehr rein, das ist zu simpel. Zeig doch, was du draufhast! Du kannst so coole **CHARACTERS**.«

Da haut Erkan einen Satz raus, der mich fast umhaut. »Pasquale, mir ist es egal, was die Leute über mein Bild denken. Gott soll im Mittelpunkt stehen.«

Ihm ist gar nicht bewusst, was er in diesem Augenblick bei mir auslöst. Mir bedeutet es sehr viel, was andere über meinen **STYLE** denken. Ich will im Mittelpunkt stehen, bin immer noch süchtig nach Ehre und Anerkennung. Aber worauf kann ich mir denn schon etwas einbilden? Mein Talent und mein Können sind ein Geschenk von oben.

Dieses Erlebnis ist für mich eine wichtige Lehrstunde. Als ich eines Tages im Neuen Testament lese, spricht mich eine Stelle besonders an: »*Wer aber sich selbst erhöhen wird, wird erniedrigt werden; und wer sich selbst erniedrigen wird, wird erhöht werden*« *(Matthäus 23,12).*

Volltreffer! Kritisch hinterfrage ich meine Absicht, Graffitis zu sprühen: *Um wessen* **FAME** *geht es hier eigentlich?* Stück für Stück wird mir klar: Es ist an der Zeit, eine Pause einzulegen.

U-BAHN ROCKER

Durch Erkan lerne ich Murat kennen. Er ist ein kleiner Türke, der leidenschaftlich gern Gitarre spielt. Schnell und laut begleitet er uns beim Singen. Das hört sich richtig nice an. Wegen eines Lieds, das mir besonders gut gefällt, bekomme ich den Wunsch, auch Gitarre spielen zu lernen.

»Hey Bro, willst du mir ein paar Griffe zeigen?«, frage ich Murat.

»Kann ich schon machen.«

Gitarre spielen ist nicht so einfach, wie es aussieht. Die Koordination zwischen Singen, Taktschlagen und Akkordespielen ist für mich eine echte Herausforderung. Das Pressen auf den Stahlseiten schmerzt in den Fingern.

»Basqua, du musst weiterspielen, auch wenn es wehtut. Irgendwann bekommst du Hornhaut und merkst nichts mehr.«

Unter Schmerzen spiele ich weiter. Irgendwie hat fast jeder Christ eine Gitarre zu Hause rumstehen. Die schnappe ich mir dann und übe fleißig weiter. Nach wenigen Wochen kann ich schon ein paar Akkorde spielen. Murat erklärt mir, worauf ich achten muss. Schon bald versuche ich, Lieder zu begleiten. Nie hätte ich gedacht, dass ich jemals ein Musikinstrument spielen würde. Der Rhythmus geht mir unter die Haut. Die Lieder berühren mich. Das Singen erfüllt mich mit Freude. Die wunderschönen Melodien über Jesus begleiten mich im Alltag. Fröhlich singe ich vor mich hin.

Als ich eines Morgens mit der U-Bahn zur Arbeit fahre, kommt mir der Einfall, in der U-Bahn von Jesus zu singen. Diese Idee lässt mich nicht mehr los, und ich erzähle es meinen Freunden.

»Hey Jungs, ich habe einen krassen Plan! Wir steigen in die U-Bahn und warten, bis die Türen schließen. Dann singen wir ein, zwei Lieder von Jesus und steigen bei der nächsten Station wieder aus.«

Erst sind alle dagegen. »Das kannst du nicht bringen. Die Leute regen sich total auf und rufen die U-Bahn-Wache.«

Aber ich lasse nicht locker und bringe ein Argument nach dem anderen. »Kommt schon, lasst es uns wenigstens mal ausprobieren ...«

Irgendwann stimmen sie doch zu, und wir hauen noch ein paar andere junge Leute an, uns zu helfen. Freitagabend geht's los. Alle beschäftigt dieselbe Frage: Wie werden die Fahrgäste reagieren? Die U-Bahn fährt ein, und wir steigen ein – mächtig aufgeregt. Die Türen schließen sich. Ich spüre deutlich meinen Puls. Wir starten mit dem Singen. Gelächter schon bei den ersten Akkorden. Einige Blicke durchbohren uns. Andere hören neugierig zu. Ich mache die Augen zu und singe laut weiter. Der Zug kommt zum Stehen. »Danke fürs Zuhören!«, rufe ich noch ins Abteil. Schon springen die Türen auf, und wir rumpeln raus.

Meine Hände zittern immer noch. Mein Puls ist auf 200. Den anderen geht es ähnlich. »Was für eine krasse Aktion! Die Leute haben voll zugehört.« Wir klatschen ein und freuen uns, dass alles gut gegangen ist. Ein bisschen wollen wir es noch durchziehen. Jetzt ist Freiheit zu spüren.

Die nächste U-Bahn kommt angerollt. Schnell springen alle hinein. »Zurückbleiben bitte!« Diesmal flowed der Gesang. Wir hören uns gut an. Von Mal zu Mal werden wir sicherer, schneller, kreativer. Wir verschenken Flyer, Musik-CDs und Bücher. In jedem Abteil erwartet uns eine neue Überraschung. Manche beschimpfen uns oder schreien: »Verpisst euch!« Ich muss lernen, auf Durchzug zu schalten. Das ist für mich die größte Übung. Aber nicht alle reagieren so. Manchmal klatschen die Leute auch und rufen »Bravo!« oder »Zugabe!«. Ein paar wollen uns sogar Geld schenken.

Kurz vor Weihnachten singen wir die bekannten Klassiker wie *Stille Nacht* oder *O du fröhliche*. Dabei verschenken wir schöne Bildkalender und wünschen den Leuten frohe Weihnachten. Wir können vielen eine Freude machen und ihnen sagen: »Frohe Weihnachten! Jesus, unser Retter, ist geboren!« Dankbar nehmen sie das Geschenk an.

MERCY ON ME

Der Postbote bringt mir per Einschreiben einen Brief vom Landgericht München. Genervt nehme ich den Brief entgegen und unterschreibe. Ich reiße ihn auf. Sofort sticht mir der fett gedruckte Gerichtstermin ins Auge. Es ist der 22. September 1995. Ich habe richtig Schiss vor der Verhandlung, bin irgendwie aber auch froh, dass jetzt alles ein Ende haben wird – diese ganze Ungewissheit, dieser ganze Stress.

Zusammen mit meiner Mutter fahre ich zum Prozess. Sie wimmert am laufenden Band: »Wase magen, wenne du in Gefängisse gegangen?« Ich fühle mich hundeelend. Heute wird über meine Zukunft entschieden.

Als ich den Gerichtsflur betrete, sehe ich am Ende vom Gang Franz, Alex, Erkan, Murat und Jannis. Dass sie da sind, tut mir unheimlich gut. Kurz vor dem Prozess bekomme ich noch mal richtig Angst. Ich bitte meine Freunde, für mich zu beten, und wir legen alles in Gottes Hände.

Dann eine Durchsage: »Herr Koukos, bitte kommen Sie in den Gerichtssaal.« Als ich aufgerufen werde, kriege ich ganz weiche Knie. Ich nehme auf der Anklagebank Platz, rechts von mir mein Strafverteidiger. Meine Mutter sitzt in der ersten Reihe, neben ihr Franz, Alex, Erkan, Murat und Jannis. Auch eine Schulklasse möchte sich den Prozess ansehen. Sie unterhalten sich, schauen immer wieder zu mir herüber. Ich fühle mich ausgeliefert, komme mir vor wie Freiwild.

Der Richter eröffnet die Verhandlung und erklärt die »Spielregeln«. Jetzt verliest der Staatsanwalt die *dreizehnseitige* Anklageschrift. Illegaler Waffenbesitz, Diebstahl in mehreren Fällen, Urkundenfälschung, schwere Sachbeschädigung, Körperverletzung, Raubüberfall. Jedes Vergehen wird Punkt für Punkt aufgezählt. Plötzlich habe ich alles wieder vor Augen. Mir wird bewusst, wie krass ich unterwegs war. Ich riskiere einen Blick zu meiner Mutter. Sie verdreht die Augen. Ihr Gesicht ist käseweiß. Der Schock ist ihr deutlich anzusehen. Ich schäme mich sehr. Am liebsten würde ich sterben.

Der Richter belehrt mich: »Sie können etwas zur Sache sagen oder auch schweigen. Wenn Sie aber falsch aussagen, machen Sie sich strafbar!« Dabei schaut er mich streng an. In der Richterkutte wirkt er hart und autoritär. Dieser Mann hat Macht, mich freizulassen oder in den Käfig zu stecken.

Ich schweige.

Der Staatsanwalt beginnt mit der Beweisaufnahme. Eine kleine dicke Frau wird hereingerufen. Sie setzt sich auf den Zeugenstuhl. Es ist die Verkäuferin von *Schlecker*. Sie wirkt verängstigt und unsicher.

»Frau Müller, erkennen Sie den Angeklagten wieder?«, fragt der Staatsanwalt.

Sie dreht ihren Kopf und identifiziert mich. »Ja, das ist er!«

Jetzt erzählt sie, wie es zum Streit kam, wie ich ihr die Fotos aus der Hand gerissen und sie ins Regal gekickt habe. Der Richter fragt ihr Löcher in den Bauch, will jede Einzelheit genau wissen.

»Seit diesem Tag habe ich Schlafstörungen«, betont die Verkäuferin.

»Hat die Staatsanwaltschaft noch Fragen?«

»Keine weiteren Fragen«, kommt die Antwort mit einem überlegenen Lächeln.

»Herr Koukos, wollen Sie noch etwas sagen?«

Ich zeige Reue. »Es tut mir sehr leid, was ich getan habe.«

Dann werden noch weitere Zeugen aufgerufen.

Als Nächstes werden Beweismittel auf einem Tisch ausgebreitet. Gefälschte Ausweise, ein altes Feuerwehrbeil, verschiedene Waffen und Totschläger, Fotos, Skizzen. Richter und Staatsanwalt stellen viele Fragen. Mein Anwalt antwortet.

Die Verhandlung zieht sich. Nach über drei Stunden wird für eine kurze Pause unterbrochen. Alle verlassen den Gerichtssaal. Schon lange habe ich mich nicht mehr so beschissen gefühlt.

Nach der Pause geht es mit den Sachbeschädigungen weiter. Der Beamte vom Bundesgrenzschutz wird vernommen.

Der Richter breitet viele Fotos vor sich aus. Darauf sind verschiedene **TAGS** auf Zügen zu sehen. Der Beamte zeigt auf die Bilder von der S-Bahn und erzählt, wie er mich auf frischer Tat erwischt hat.

»Ist das alles Ihre Handschrift?«, fragt mich der Richter.

»Das meiste schon«, gebe ich ehrlich zu.

Mein Anwalt unterbricht mich. »Das hat mein Mandant nicht so gemeint!«, sagt er und schaut mich ganz genervt an.

Am Ende hält der Staatsanwalt sein Schlussplädoyer. Er fordert eine Haftstrafe von zwölf Monaten – ohne Bewährung.

»Herr Koukos, möchten Sie dazu noch etwas sagen?«, fragt mich der Richter.

»Euer Ehren, …«, lege ich los und erzähle ihm, was vor etwa einem Jahr passiert ist und wie sich mein ganzes Leben durch den Glauben an Jesus verändert hat. »Euer Ehren, ich weiß, dass sich das Ganze total verrückt anhört, aber es ist die Wahrheit.«

Für einen Augenblick ist es ganz still im Gerichtssaal. Es ist dieser Moment, in dem man eine Stecknadel fallen hören kann. Der Richter ist sichtlich getroffen. Plötzlich hören wir, wie aus dem Zuschauerrang hereingerufen wird:

»Seien Sie nicht zu hart mit dem Jungen!«

»Geben Sie ihm noch eine Chance!«

Irritiert über die Kommentare ruft der Richter: »Ruhe! Wir sind hier nicht im Auktionshaus, wo jeder reinrufen darf.« Der Richter sieht sich die Leute, die reingerufen haben, genau an und checkt sofort, was das für Typen sind. »Wer sind Sie überhaupt?«

»Wir sind gute Freunde von Herrn Koukos. Es stimmt, was er sagt«, bekräftigen sie.

Er winkt den Staatsanwalt zu sich und berät sich mit ihm. Auffällig lange. Was ist hier los? Was machen die? Angespannt warten wir ab. Wir schauen auf die Uhr. Keiner sagt was. Unsicherheit, Angst.

Nach einer gefühlten Ewigkeit sagt der Richter: »Herr Koukos, bitte erheben Sie sich.«

Der Moment der Urteilsverkündung ist gekommen. Alle Blicke sind auf mich gerichtet. Jeder im Saal ist gespannt, was jetzt kommt. Ich halte den Atem an. Der Richter zieht einen Zettel aus seinen Unterlagen.

Dann schaut er über seinen Brillenrand und sagt etwas, womit keiner gerechnet hat: »Es kann gut sein, dass Sie sich die ganze Geschichte einfach ausgedacht haben. Aber ich gehe stark davon aus, dass Sie die Wahrheit sagen. Ich gebe Ihnen eine letzte Chance, sich nichts mehr zuschulden kommen zu lassen. Ich rate Ihnen sehr, diese Chance nicht zu verpassen.«

Ich sinke zurück in den Stuhl und atme tief aus. Eine tonnenschwere Last fällt von meinen Schultern. Tränen der Freude füllen meine Augen. Gott hat unsere Gebete gehört und mir einen Richter gegeben, der großes Erbarmen mit mir hat.

Der Richter endet mit dem Satz: »Sie werden an einem Wochenende gemeinnützige Arbeit leisten und übernehmen die gesamten Gerichtskosten. Die Verhandlung ist beendet.«

Zusammen mit meinen Freunden und meiner Mama verlasse ich als freier Mann das Justizgebäude.

FORGIVEN

Mein Vater kriegt voll mit, wie ich mich durch den Glauben verändere. Keine Drogen, keine Schlägereien, kein Polizeistress. Was ihn aber am meisten zum Nachdenken bringt, ist die Tatsache, dass ich regelmäßig zur Arbeit gehe. Besonders das frühe Aufstehen war für mich früher ein absolutes Brechmittel. Ich liebe meinen Schlaf, und wenn ich früh rausmuss, bin ich eigentlich eine halbe Leiche. Jetzt stehe ich Morgen für Morgen auf, übernehme Verantwortung und bringe Geld nach Hause. Das ist für meinen Dad ein starkes Argument für den Glauben.

Obwohl sich vieles verändert, verändert sich eine Sache leider nicht: unsere Beziehung. Sie ist nach wie vor kühl und distanziert. Es fällt mir schwer, ihm offen zu begegnen. Irgendwie nehme ich es Papa immer noch übel, dass er nicht für mich da war. Jahrelang musste ich die Zähne zusammenbeißen und gegen den Schmerz meiner Seele ankämpfen. Das hat viel in mir kaputtgemacht.

Einmal, während ich im Brief an die Kolosser lese, sticht mir das Wort »vergeben« ins Auge: »... *euch gegenseitig vergebend, wenn einer Klage hat gegen den anderen; wie auch der Christus euch vergeben hat, so auch ihr« (Kolosser 3,13).*

Die Stelle spricht mich voll an. Gott legt seinen Finger in die Wunde. Ich merke, wie ich meinem Vater noch nicht wirklich vergeben habe. Die Verletzungen sind noch deutlich zu spüren, und ich schaffe es nicht, über meinen eigenen Schatten zu springen.

Plötzlich wird mir etwas bewusst: Gottes Liebe macht das scheinbar Unmögliche möglich! Ich kann *ihm* vergeben, weil Jesus *mir* vergibt!

In einem ungeplanten Moment, als wir beide in der Küche stehen, schaue ich meinen Vater an und sage zu ihm auf einmal etwas, das ich bis dahin noch nie über die Lippen gebracht habe: »Du, Papa, ich liebe dich!«, und nehme ihn in den Arm.

Völlig überrascht sieht er mich an. Meinem Vater fällt es sehr schwer, Emotionen zu zeigen. Ich warte voll Spannung, ob er darauf reagiert. Aber er schafft es leider nicht. Ich mache ihm keinen Vorwurf. Ich weiß, dass er mich liebt.

Es hat mich riesige Überwindung gekostet, den ersten Schritt auf meinen Vater zuzugehen. Doch weil Jesus mein zerbrochenes Herz geheilt hat, konnte ich ihm das sagen, wozu er selbst nicht in der Lage war. Dieser Moment verwandelte unsere ganze Beziehung.

GET CLOSER

Spontan kommt mir die Idee, Mama und Papa in unseren Hauskreis einzuladen.

»Nisse verstehe diese Sache«, höre ich meine Mutter sagen.

Papa will gerade rausgehen. Seine Antwort überrascht mich: »Ich kommen nexte Mal.«

»Danke, Papa, dass du mitkommen willst!«, rufe ich ihm überglücklich zu.

Mit einem besonderen Gesichtsausdruck schaut er mich an und schließt hinter sich die Tür.

An einem Mittwochabend ist es endlich so weit. Papa und ich fahren gemeinsam in den Hauskreis. Ich freue mich wie ein kleiner Junge und bin total aufgeregt, ob es ihm gefällt. Als wir hereinkommen, begrüßen uns gleich alle voll herzlich. Wir fangen an zu singen und lesen dann etwas aus der Bibel. Mein Vater kann mit dem, was gesagt wird, nicht so viel anfangen. Ich versuche ihm alles zu übersetzen, und er hört aufmerksam zu.

Später stelle ich ihm Kostas vor. Der ist Mitte fünfzig, kommt aus Kreta und ist ein sehr freundlicher Mensch. Papa hätte nie erwartet, einen Landsmann zu treffen. Die beiden verstehen sich sofort blendend und vereinbaren, sich bald zu treffen.

Von jetzt an besucht uns Kostas regelmäßig zu Hause und nimmt sich viel Zeit für meinen Vater. Auf Griechisch erklärt er ihm die frohe Botschaft der Bibel. Es ist für mich so schön zu erleben, wie sich mein Papa langsam für den Glauben öffnet. Ich besorge ihm eine griechische Bibel, und er beginnt von sich aus darin zu lesen.

RELATIONSHIP

An einem sonnigen Nachmittag gehen Papa und ich im Hirschgarten spazieren. Wir setzen uns in den Biergarten und bestellen ein kühles Helles. Es ist Frühling, und alles erwacht zum Leben. Die Kastanienbäume tragen saftige grüne Blätter, und in der Luft liegt dieser besondere Geruch. Über uns zwitschern die Vögel. Ich genieße es, mit meinem Dad Zeit zu verbringen.

Wir reden über alles Mögliche, und auf einmal erzählt er mir, dass er eine Entscheidung für Jesus Christus getroffen hat. Als ich das höre, falle ich fast von der Bierbank.

»Nein, das ist nicht dein Ernst!« Sofort bohre ich nach und will genau wissen, was passiert ist.

»Früher ich denken, ich gute Mensch. Viel in Kirche gegangen und immer beten zu Heilige Ikone. In Bibel Kostas mir zeigen, Isus Christos alle Sünde wegnimmt. Ich nix mehr muss machen. Ich nur glauben und sagen alle schlechte Sache Isus. In diese Moment ich Ruhe gefunden.«

Als ich das höre, bin ich sprachlos. Einer meiner größten Herzenswünsche geht gerade in Erfüllung. In der folgenden Zeit vertieft sich unsere Beziehung. Wir haben eine ganz neue Vertrauensbasis, können ehrlich sein, uns in den Arm nehmen und Dinge ausräumen.

Im Sommer macht mein Vater seine Entscheidung öffentlich und lässt sich im See von Kostas taufen. Viele kommen, auch meine Familie. Sie erleben, wie ein Mann mit 65 Jahren bereit ist, sein ganzes Leben umzukrempeln und mit Jesus neu anzufangen. Es ist nie zu spät umzukehren. Für mich gibt es nichts Schöneres, als zu wissen, dass mein Vater gerettet ist und ich Frieden mit ihm habe.

THE MESSAGE

Eines Abends hat Erkan einen interessanten Gedanken: »Den meisten geht es doch genauso wie uns damals. Viele haben eine falsche Vorstellung von Gott. Was können wir tun, damit die Leute erfahren, wie Gott wirklich ist?«

»Wir können die Message von Jesus sprühen!«

Dieser Abend ist die Geburtsstunde unserer neuen **CREW** »**THE DOING GUYS**« – und ich fange wieder an zu **WRITEN**!

Erkan und ich *kaufen* uns Kannen. Ja, wirklich, wir gehen in einen Laden und *bezahlen* die Dosen an der Kasse! Wahnsinn! Am nächsten Tag legen wir gleich los. Ich bin etwas aufgeregt und muss erst mal wieder reinkommen. Aber wie sagt man so schön: Einmal gelernt, nie mehr verlernt. Es dauert nicht lange und ich bin wieder voll im Flow.

Die nächsten Wochen geben wir richtig Vollgas, machen große, bunte Bilder, hauen ein **PIECE** nach dem anderen raus. Mit einem entscheidenden Unterschied: Mir geht es nicht mehr darum, *meinen* Namen groß zu machen, sondern *seinen* Namen.

Unsere Graffitis sind richtige Eyecatcher. Viele Leute reden darüber. Christen werden darauf aufmerksam und bitten uns, ihre Autos, Busse, Bauwagen und Camper mit der Message zu besprühen. Das große Interesse gibt uns weiteren Auftrieb. Die Fahrzeuge zu bemalen, erinnert mich an **TRAINS**, die kreuz und quer durch die Gegend fahren. Manche parken ihre Autos an gut befahrenen Straßen, wo sie täglich zigtausend Autofahrer sehen. Sie sind persönlich davon überzeugt, dass unsere Message etwas bewegen wird.

Erkan und ich bekommen Einladungen nach Spanien, Italien, Kroatien und sogar nach Israel. Wir verschönern Häuser, Wände, Kirchen, Unterführungen und Fahrzeuge. Es macht unglaublich viel Spaß, die Botschaft Gottes zu verbreiten – und zu sehen, wie unterschiedlich die Menschen darauf reagieren. Viele bleiben stehen und fangen an, mit uns zu reden. Abgefahrene Gespräche ergeben sich, teilweise stundenlang. Wir können erklären, wie Gott wirklich ist und was Jesus für uns getan hat. Wenn ich unseren Zuschauern sage, dass Jesus sie liebt und es gut mit ihnen meint, bekommen einige vor Freude ganz feuchte Augen und bedanken sich herzlich. Ich habe den Eindruck, sie hören das zum ersten Mal – und verstehen es auch.

In Deutschland ist es komplett anders. Fast immer fallen die Reaktionen negativ aus. Manche Leute zerstören gezielt unsere Graffitis – oft mit nur einem einzigen Strich.

Einmal sprühen wir ein mächtiges **PIECE** an einer Schulwand. Die Schrift ist in Antiqua. Jeder Buchstabe hat einen krassen Move. Die Farben knallen nur so heraus. Dunkelblaue **OUTLINES** mit 3Ds direkt auf den Hintergrund. Und am Ende noch weiße **HIGHLIGHTS** mit Glanzsternen. Ein richtiger Burner.

Wenige Tage später will ich Freunden die Wand zeigen. Als wir um die Ecke biegen, kann ich nicht glauben, was ich sehe. Ein fettes schwarzes Pentagramm ist über unseren frisch gemalten **STYLE** gesprüht. Darunter steht in dicken Lettern: »**666 SATAN LEBT!**« Das ganze Bild ist zerstört!

Mich packt die blanke Wut. Crossen war für mich schon früher das Respektloseste, was man überhaupt machen konnte. Stinksauer brülle ich herum: »Was glauben die eigentlich, wer sie sind? Diese kleinen Pisser mach ich fertig!« Innerhalb von Sekunden kommt bei mir der alte Gangster-Shit wieder hoch. Ich stelle mir vor, wie ich die Typen aufspüre und ihnen die Gaser ins Gesicht drücke.

Meine Jungs merken, dass ich kurz davor bin auszurasten. Sie versuchen mich runterzuholen. »Hey, bleib slow, es ist nur ein Bild.«

Dieser Satz nimmt mir den Wind aus den Segeln. Meine Freunde haben recht: Es ist nur ein Bild! Früher waren meine **STYLES** mein Ein und Alles. Ich habe mich über sie definiert. Doch seit ich Jesus gefunden habe, ist das anders. Ich definiere mich nicht länger über das, was ich *tue*, sondern über das, was ich *bin* – ein Kind des Höchsten. Außerdem würde sich meine Rache überall herumsprechen und somit Gottes Message unglaubwürdig machen – crossen sozusagen. Ich vergebe den Übeltätern und spüre, wie der ganze Zorn von mir abfällt.

Natürlich bedauere ich es jedes Mal, wenn eins unserer Bilder zerstört wird, aber nur so wird mein Charakter verändert. Trotz gecrosster Graffitis sprühen wir weiter und vertrauen darauf, dass Jesus über den Dingen steht und seine Message die Leute erreicht.

CLASSROOMS

Franz wird von verschiedenen Schulen eingeladen, um über das Thema Drogen zu sprechen. Eines Tages schlägt er mir vor mitzukommen. Als ich die Jugendlichen sehe, werde ich ganz nervös. Franz hingegen ist total entspannt. Er erzählt von den seelischen Verletzungen aus seiner Kindheit, wie er die Ausbildung hingeschmissen hat und in den Strudel von Drogen und Kriminalität geraten ist. Durch seine coole Art bringt er die Klasse immer wieder zum Lachen.

Deutlich erklärt er den Schülern, wie zerstörerisch Drogen sind und was für heftige Auswirkungen sie haben. Er bringt krasse Beispiele aus seinem eigenen Leben und von den Junkies, die er auf der Straße betreut. Am Schluss erzählt Franz noch, wie Jesus Christus ihn von seiner zwanzigjährigen Sucht befreit hat. Ein Standardsatz von ihm lautet: »Es gibt keine weichen Drogen. Wenn du drauf bist, bist du drauf!« Alle hören aufmerksam zu und stellen zwischendurch Fragen.

Auch ich bekomme die Gelegenheit, kurz etwas zu sagen. Als ich in die unschuldigen Gesichter dieser Jugendlichen schaue, wird mir auf einmal bewusst: Ich muss alles tun, damit diese jungen Menschen nicht denselben Weg einschlagen wie ich. So erzähle ich ihnen meine Story. Schon nach ein paar Sätzen merke ich, dass die Schüler mir an den Lippen hängen. Ich rede nicht so wie die Lehrer, sondern wie ich es von der Straße gewöhnt bin, und deshalb verstehen sie mich.

Auch Franz fällt das auf, und er bittet mich, ihn von nun an zu begleiten. Beim nächsten Mal bin ich schon nicht mehr so aufgeregt. Ganz im Gegenteil. Ich gehe voll ab, haue eine Räuberpistole nach der anderen raus. Schlägereien, Vandalismus, Überfall und so weiter. Alle sind auf Sendung.

»Hey, hört mal zu. Ich habe früher gemacht, was ich wollte. Mit meinen Freunden bin ich durch Deutschland gefahren. Überall haben wir unsere Namen hingesprüht, alles zerstört und zugebombt. In der Szene waren wir ganz oben, hatten **FAME** ohne Ende. Jeder kannte uns. Wo wir hinkamen, hatten die Leute Respekt. Wir waren die **KINGS**.

Aber auf einmal platzte der Traum. Drogensucht, die Bullen, Knast … Ich bin komplett abgestürzt. Obwohl ich alles hatte, hatte ich doch nichts. In meiner Verzweiflung schrie ich zu Gott um Hilfe. Er rettete mich vor dem sicheren Tod! Ihm verdanke ich es, dass ich heute vor euch stehe.«

Die Schüler gehen voll mit, melden sich, stellen viele Fragen.

Über Franz bekomme ich weitere Kontakte zu Schulen. Ab diesem Zeitpunkt spreche ich mehrmals im Jahr vor Schulklassen. Jedes Mal, wenn ich vor den Schülern stehe, blühe ich total auf. Ich merke, dass ich den Jugendlichen echt helfen kann – um dabei gleichzeitig Jesus groß zu machen.

Ab und zu gestalte ich sogar eine Unterrichtsstunde in Kunst. Zuerst erzähle ich, wie es in der Szene abgeht und wie das Leben in der Gang ist. Das interessiert die Schüler brennend. Anschließend machen wir einen Graffiti-Workshop, und ich bringe den Kids das Sprühen bei. Da bin ich so richtig in meinem Element. Dabei erkläre ich nicht nur, wie man sprüht, sondern ich versuche auch die ganze **STYLE**-Philosophie rüberzubringen. Das ist nicht so einfach. Teilweise sind die »Kunstwerke« eine Katastrophe. Aber manche Kinder sind megabegabt. Ich staune über ihr Talent. Und nie hätte ich gedacht, dass Gott mir so eine große Tür öffnet, um zu jungen Menschen zu sprechen.

Themen wie »Mobbing«, »Einsamkeit«, »fehlende Vorbilder«, »Drogen« und »vaterlose Gesellschaft« sprechen vielen der Seele. Manche werden davon so getroffen, dass sie weinend das Klassenzimmer verlassen.

Nach der Stunde werde ich von vielen Schülern umringt. Sie haben noch Fragen, wollen mit mir weiterreden. Einmal steht ein junges Mädchen vor mir. Sie ist gerade mal fünfzehn und wirkt auf mich etwas verstört.

»Können Sie mir helfen?«

»Was ist los?«

»Meine Eltern haben sich getrennt.«

Schon laufen die Tränen. Jetzt schaue ich sie mir genauer an und entdecke, dass beide Arme mit Narben übersät sind.

»Seitdem hab ich angefangen mich zu ritzen. Ich weiß gerade nicht mehr weiter.«

Ich spüre deutlich, wie sehr sie unter diesem Zustand leidet. Sie braucht jemanden, der ihr zuhört – ohne sie zu verurteilen. Es folgt ein langes Gespräch. Ich versuche sie zu trösten und ihr Mut zu machen.

»Du brauchst das nicht zu tun. Es ist nicht deine Schuld. Jesus kennt deine Schmerzen. Du bist wertvoll für Gott. Er ist immer für dich da.«

Ich frage sie, ob wir noch gemeinsam beten wollen. Sie willigt ein, und ich bitte Jesus, ihr zerbrochenes Herz zu heilen. In solchen Momenten spielen sich bewegende Szenen ab. Und ich darf miterleben, wie junge Menschen Jesus Christus ihr Leben anvertrauen.

Lieber Pasquale ich fande deinen Vortrag echt klasse und es war mega interessant. Das Thema mit deiner Kindheit hatt mich echt berührt und finde es so schön das du davon weggekommen bist und so ein toller Mensch ~~geworden~~ bist. Ich würde mich freuen wen du wieder mal zu uns in die 6a kommen würdest es wahr sehr schön mit dir.

Ich fande es sehr gut, dass es seine Sucht zugeben hat und, ich fand es gut, dass er so offen desüber geredet hat, das können nähmlich viele nicht. Außerdem fande ich es gut, wie er mit uns gesprochen hat, damit meine ich nicht die Ausdrücke, aber er hat mit uns so gesprochen das man nich denkt, dass wir noch kleine Kinder sind, und er hat nich so viele Fachbegriffe benutzt was die Powerpoint, und das was er gesagt noch komplizierter wird.

Lieber Pasquale

Ich fande deine Vortrag sehr spannend ich fande es aus spannend zu hören wie die Wirkung von den drogen ist, zu hören das dein leben wear sehr ~~e~~ wahr auch cool. ~~So hörte es~~ Was ich auch schön fand das du auf gott gehört hast und das du mit ihm gegangen bist und jetzt eine ~~familie~~ Familie hast wo du glücklich loist Ich hoffe du kommst mal wieder zu uns ~~dein bear~~. Und ich fande es auch sehr lustig wo du uns die story mit dem LSD erzählt hast.

Lieber Pasquale

Deine Presentation gestern war echt cool!

Ich habe viel Intresantes erfahren.

Das mit deinem Vatter hat mich sehr Berührt weil mein Papa auch nicht so viel zeit fehr mich hat.

und nicht oft da ist. Du warst sehr erlich zu uns und das Fand ich toll.

ich würde mich freuen wenn du wider kommst und uns noch mehr erzelst

Danke!

JAILHOUSE

Über gute Beziehungen können wir Besuche im Gefängnis machen und dort einen Bibelkreis starten.

Am Eingang geben wir unsere Ausweise ab. Wir hören ein Piepsen. Das Sicherheitstor öffnet sich automatisch. Eine Beamtin durchsucht unsere Taschen. Handy, Bargeld, Schlüssel, alles muss abgegeben werden – außer der Bibel. Dann geht's noch mal durch den Metalldetektor. »Alles klar, ihr könnt jetzt rein.« Ein anderer Beamter holt uns ab. Er sieht uns scharf an. Irgendwie merkt er, dass wir keine unbeschriebenen Blätter sind. Aber egal, was früher war, jetzt spazieren wir hier rein – und auch wieder raus, als wäre es das Normalste der Welt. Bei Gott ist alles möglich. Einfach nur genial.

Der Beamte geht voraus und schließt die Sicherheitstüren auf. Als wir durch die Gänge laufen, werden alte Erinnerungen wieder wach. Im Knast scheint die Zeit stillzustehen. Trostlosigkeit, Vergessenheit, Einsamkeit. Die depressive Stimmung ist überall deutlich zu spüren. Ich kenne das Gefühl, eingesperrt zu sein, nur zu gut. Es ist mit das Schlimmste, was ich erlebt habe.

Jetzt schließt er die Sechs-Mann-Zellen auf: »Will jemand Bibel lesen?« Ich riskiere einen kurzen Blick auf die Gefangenen. Müde Gesichter schauen mir entgegen. Ich lächle sie an. »Hey Jungs, habt ihr Lust mitzumachen?« Ein paar Interessierte treten heraus. Wir begrüßen uns, schütteln einander die Hände. Ihre Augen fangen an zu leuchten. Sie sind froh über unseren Besuch, freuen sich, uns zu sehen. Endlich etwas Abwechslung im grauen Knast-Alltag. Andere bleiben in ihren Zellen sitzen. Schwere Jungs in Häftlingskleidung, Ärmel hochgekrempelt, überall Tätowierungen – teilweise auch im Gesicht. Sie werfen uns böse Blicke zu, haben keinen Bock auf Gott und Bibel. Es scheint, als ob eine böse Macht sie festhält.

Über ein Dutzend Leute sitzen im Stuhlkreis. Einige kennen wir schon länger, manche sind zum ersten Mal dabei. Die Atmosphäre ist sehr angespannt. Plötzlich springt einer hoch und will auf den anderen losgehen. »Was schaust du so blöd?« Fast kommt es zur Schlägerei. Aufgeregt drücke ich den Alarmknopf. Niemand erscheint. Die Situation droht zu eskalieren. Ich drücke erneut auf die Klingel. Immer noch keine Reaktion. Die Szene erinnert mich an die Serie *Prison Break* – nur ist sie jetzt ganz real. Auf einmal steht Franz auf, stellt sich mutig zwischen die beiden und redet ruhig auf sie ein. Ich staune über ihn und sein Gottvertrauen. Es hätte auch ganz anders ausgehen können. Aber nach ein paar Minuten sitzen wieder alle friedlich im Stuhlkreis.

Wir schlagen die Bibeln auf, und ich lese einen Vers vor: *»Siehe, ich stehe vor der Tür und klopfe an; wenn jemand meine Stimme hört und die Tür öffnet, zu dem werde ich hineingehen und das Abendbrot mit ihm essen, und er mit mir«* (Offenbarung 3,20).

»Leute, wir sind für Gott unvorstellbar wertvoll. Doch die Menschen haben nicht auf Gott gehört und ihm den Rücken gekehrt. Diese Entscheidung hat die Beziehung zwischen Gott und Mensch zerstört. *Wir* haben gegen Gott gesündigt. Dadurch sind *wir* seine Feinde geworden.

Jetzt stellt sich die Frage: Wer müsste auf wen zugehen, um wieder Frieden zu stiften? Gott oder der Mensch?

In der Regel ist es so: Wenn ich jemandem Schaden zufüge und damit die Beziehung kaputt ist, dann liegt es an mir, auf den anderen zuzugehen, ihn um Entschuldigung zu bitten und mich mit ihm wieder zu versöhnen.

Jetzt kommt das Unfassbare: Gott hat das auf den Kopf gestellt. Er, der Unschuldige, kommt zu mir, dem Schuldigen, und bittet mich um Versöhnung.

Versteht ihr das? Obwohl wir uns von Gott abgewandt haben, geht er uns trotzdem nach und will uns wieder für sich gewinnen. Deshalb schickt er Jesus. Er steht vor deiner ›Haustür‹, klopft an und bittet dich um Versöhnung. Ist das nicht verrückt? Gott wartet mit offenen Armen auf uns – wir müssen nur die Tür öffnen und ihn in unser Leben hineinlassen. Dieses bewusste ›Sich-Öffnen‹ und ›Hinwenden zu Gott‹ nennt die Bibel *Buße tun* oder *umkehren*. Genau das ist die frohe Botschaft des Evangeliums: In Jesus Christus hat Gott uns Menschen wieder mit sich selbst versöhnt! Ist das nicht ein riesiger Grund zur Freude?«

Um das Ganze anschaulicher zu machen, erzähle ich kurz aus meinem Leben: »Schaut mal, ich hatte früher einen riesigen Hass in mir. Ich hasste die Gesellschaft, den Staat und am meisten die Polizei. Ich kam mir von allen verarscht vor, habe alles kurz und klein geschlagen. Irgendwann wurde ich von den Cops geschnappt und in den Käfig gesteckt. So wie ihr. Kaum war ich wieder draußen, hab ich genauso weitergemacht wie vorher. So ging es immer weiter. Eines Tages lief mir ein türkischer Freund über den Weg. Er sagte zu mir: ›Der Einzige, der dir helfen kann, ist Jesus Christus!‹ Kurz danach hörte ich zum ersten Mal, dass Jesus für meine Sünden gestorben ist. Dass Jesus bereit war, für so jemanden wie mich zu sterben, hat mich völlig umgehauen. Schlagartig wurde mir bewusst, wie sehr Gott mich liebt. Er kommt zu mir und bittet mich mit dem Einsatz seines Lebens: ›Lass dich doch mit mir versöhnen!‹ Überwältigt von dieser großen Liebe habe ich Jesus die Tür meines Lebens geöffnet und ihn reingelassen. Da wurde es hell in mir. Jesus nahm meine ganze Schuld und meinen ganzen Hass und machte einen neuen Menschen aus mir. Erst seitdem ich an Jesus glaube, bin ich nicht mehr straffällig geworden. Dasselbe möchte er mit jedem von uns machen. Wir brauchen ihm nur die Tür zu öffnen.«

Am Ende der Bibelstunde sprechen wir meistens noch ein Gebet und beenden den Abend. Wir verabschieden uns von den Jungs, verschenken noch Bücher, und ein Beamter bringt uns zum Ausgang. Jedes Mal, wenn ich wieder draußen bin, wird mir neu bewusst: Ohne Jesus wäre das meine Zukunft gewesen.

Manche Insassen besuche ich auch unter der Woche, baue zu ihnen eine Freundschaft auf. Durch die persönlichen Gespräche bekomme ich tiefe Einblicke in das Leben der Häftlinge. Jeder Dritte hier sitzt wegen Drogen. Immer wieder höre ich, wie sehr man im Knast einen braucht, weil man sonst vor die Hunde geht, einfach durchdreht, wenn niemand einen besucht und mit einem redet. In vielen Geschichten finde ich mich wieder, kann mich gut in die Leute hineinversetzen. Dabei fällt mir eine Sache immer wieder auf: Entweder hatte der Vater kaum Zeit für sie, oder er war gar nicht vorhanden. Mit dem Evangelium versuche ich den Inhaftierten deutlich zu machen, dass der Vater im Himmel ihnen das geben will, wonach wir uns alle sehnen: Anerkennung, Identität und ein sinnerfülltes Leben. Bei mir hinterlassen diese Begegnungen immer einen bleibenden Eindruck. Nie hätte ich gedacht, dass Gott aus mir einen Menschen macht, der anderen hilft.

MERRY CHRISTMAS

Wenige Tage vor Heiligabend organisieren wir für die Häftlinge eine richtig fette Weihnachtsfeier. Wir schleppen Massen von Kaffee und Kuchen an, dekorieren die Tische schön mit Tannenzweigen und Kerzen. Ein altes Gemälde von Jesus in der Krippe hängt an der Wand. Der Gemeinschaftsraum ist brechend voll. Überall riecht es nach Zimtstangen. Was mich besonders freut, ist, Gefangene zu sehen, die sonst nie dabei waren. Selbst sie wollen diese Weihnachtsfeier nicht verpassen, wollen nicht allein in ihrer Zelle sitzen.

Wir singen gemeinsam *Stille Nacht*, *O du Fröhliche* und *Macht hoch die Tür*. Die Atmosphäre ist wie ausgewechselt. Viele sind innerlich bewegt, werden emotional. Erinnerungen werden geweckt. Erinnerungen an die Familie, an die Kindheit, an zu Hause. Viele haben Tränen in den Augen. An Weihnachten werden selbst die härtesten Jungs weich wie Butter. Das zeigt mir, dass kein Mensch ein Herz aus Stein hat.

Weihnachten gibt uns das Gefühl von Wärme, Geborgenheit, Frieden und Liebe. Jeder sehnt sich danach. Ohne Jesus gäbe es kein Weihnachten. Er brachte uns Menschen die Liebe Gottes.

SARAJEVO

Viele Jahre lang bringt Alex Hilfsgüter in den früheren Ostblock. Zwischen Medikamenten und Kleidersäcken versteckt er auch Bibeln.

1992 hat sich das zu Jugoslawien gehörende Bosnien-Herzegowina für unabhängig erklärt. Die Situation eskaliert, und es kommt mitten in Europa zum Krieg. Viele Zivilisten werden vertrieben. Allein in Sarajevo werden über zehntausend Menschen umgebracht. 1995 beendet die NATO den ganzen Wahnsinn.

Kurz nach Kriegsende fährt Alex mit seinem VW-Bus ins Krisengebiet, um die Opfer mit Medikamenten, Hilfsgütern, aber auch mit Bibeln zu versorgen. Da die Not schrecklich groß ist, entscheidet er sich, das Ganze zu wiederholen. Im Winter '95 fährt er mit einem kleinen Team aus Deutschland und Österreich nach Sarajevo, und diesmal fahre ich mit. Es ist meine erste Fahrt in ein Kriegsgebiet. Ich weiß nicht, was auf mich zukommt, und bin sehr angespannt. Schon ein paar Kilometer nach der slowenischen Grenze bekommen wir einen ersten Eindruck davon, was der Krieg angerichtet hat. Vor uns Trümmerhaufen und zerbombte Häuser. Das alles nur ein paar Autostunden von München entfernt.

Ruhig fährt der weiße VW-Bus durch die Berglandschaft Richtung Sarajevo. Er ist bis unters Dach vollgepackt mit Kleidersäcken und Büchern. Rechts und links sieht man immer wieder ausgebrannte und zerschossene Häuser. Aus manchen steigt Rauch auf. Es gleicht einem Geistertal. Dann und wann lässt der graue Himmel ein paar Tropfen auf die Windschutzscheibe fallen. Alles scheint so trostlos.

Wir müssen durch mehrere Checkpoints der SFOR. Jedes Mal Ausweiskontrollen. Die SFOR (*Stabilisation Force*) ist die NATO-Schutzgruppe zur Stabilisierung der Region.

Unterwegs lernen wir Einheimische kennen. Immer wieder hören wir, dass Angehörige, Verwandte und Freunde verschwunden sind. Viele reden von Massakern.

Vor einem kleinen Laden machen wir halt, um Proviant für die Reise zu kaufen. Diesel gibt es am Straßenrand, abgefüllt in Plastikflaschen. Ein Mann zeigt uns Einschusslöcher an der Hauswand. Ich fahre mit den Fingern über die Einschusslöcher. »Alter, das geht heftig ab!« Erst jetzt wird mir bewusst: Ich befinde mich im Kriegsgebiet. Jeder Kilometer bringt uns näher an die schwer bewachte Stadt, in der es immer noch brenzlig ist. Ich habe Schiss. Aber es gibt kein Zurück.

CHECKPOINT

Alex ist die Strecke schon ein Dutzend Mal gefahren und erzählt uns krasse Storys. Je näher wir der Stadt kommen, desto stiller wird er. Bald werde ich verstehen, warum.

»Der Krieg ist hier offiziell zu Ende, aber mit den Amerikanern ist nicht gut Kirschen essen«, meint Alex besorgt.

Bodenschwellen aus Beton, die verhindern sollen, dass man zu schnell auf den Checkpoint zufährt, sind das erste Zeichen, dass wir uns kurz vor Sarajevo befinden. Vor uns sehen wir ein großes Schild, auf dem in mehreren Sprachen

steht: »STOP! Wer unerlaubt weiterfährt, wird erschossen!«
Alex fährt im Schritttempo. Dann kommt er zum Stehen.

Mehrere Marines sitzen im Wachposten. Ein Soldat steht an der Schranke. Er ist schwer bewaffnet. Im Anschlag eine M16 mit Granatwerfer. Er macht ein Handzeichen. Alex stellt den Motor ab. Neben uns ein fetter amerikanischer Panzer, das riesige Panzerrohr direkt auf uns gerichtet. Die Stimmung im Bus ist gefroren. Jetzt verstehe ich, was Alex meinte. Ich bete die Worte: »Jesus, hilf uns jetzt da rein.«

Der Marine schaut uns prüfend an. »Passports«, sagt er im Befehlston. Der Marine checkt unsere Dokumente. Dann geht er um den Bus, leuchtet ins Auto und in unsere Gesichter. »Okay«, sagt er und gibt Alex die Pässe zurück. Wieder ein Handzeichen, und eine Mega-Panzerkette wird heruntergelassen. Alex lässt den Motor an und fährt langsam weiter. Mir fällt ein Stein vom Herzen. Geschafft! Wir sind in Sarajevo!

Als Erstes fällt mir das Pressezentrum ins Auge. Von hier aus berichteten im Jahr 1984 Reporter aus der ganzen Welt über die olympischen Winterspiele. Früher war es ein hohes, modernes Glasgebäude. Jetzt liegt es komplett zerbombt am Boden.

»44 Monate lang wurde Sarajevo belagert. Die einzige Möglichkeit, Lebensmittel in die Stadt zu bringen, war ein kleiner, unterirdischer Stollen«, erklärt Alex. »Seht ihr diesen Berg da hinten? Das ist der Igman. Von da aus haben die Serben über tausend Tage die Stadt bombardiert. Letztes Mal mussten wir über den Pass fahren. Das war die größte Horrorfahrt meines Lebens. Alles war vermint. Um ein Haar wäre es schief gegangen.«

Wir fahren die Straßen entlang. Sarajevo muss eine wunderschöne Stadt gewesen sein, voller Leben. Davon hat der Krieg nicht mehr viel übrig gelassen. Häuser, Straßen und Plätze, alles ist vollkommen zerstört. Immer wieder sind im Zentrum Grabsteine zu sehen.

»Hier sind überall Leute begraben, weil auf dem Friedhof kein Platz mehr war«, sagt Alex.

Mein Gehirn verweigert sich der Vorstellung, dass unschuldige Menschen schrecklich misshandelt und umgebracht wurden.

Wir fahren weiter durch die Stadt und treffen schließlich einen Missionar aus Deutschland. Am Straßenrand baumeln Absperrbänder mit der Aufschrift »VORSICHT MINENGEBIET«. Die Universität ist nur noch eine Ruine. Von Granaten zerbombte Hochhäuser ragen in den Himmel. Die meisten sind immer noch bewohnt. Zwischen den Wohnblocks schauen Autowracks heraus. Sie sind von oben bis unten durchlöchert.

»Was soll das denn?«, frage ich den Missionar.

»Die Autos haben die Bewohner vor den Snipern geschützt. Nur so konnten sie sich vom Fleck bewegen, ohne erschossen zu werden.«

Ich finde es unglaublich, was er sagt.

»Hier drüben schlafen wir«, und zeigt auf ein allein stehendes Haus. »Morgen werden wir entscheiden, wie es weitergeht.«

Draußen ist es bitterkalt. Gott sei Dank geht die Gasheizung. Wir drehen sie maximal auf und heizen so richtig ein. Irgendwann penne ich weg. Wegen der krassen Eindrücke schlafe ich die erste Nacht ziemlich unruhig, träume immer wieder von Panzern und Soldaten. Am nächsten Morgen planen wir unseren Einsatz. Alex und ein paar andere wollen ins Stadtzentrum. Da ist ein großer Markt. Ein zweites Team fährt die Hochhäuser ab. Wir klappern fast die gesamte Stadt ab und verteilen Hilfsgüter, Medikamente, Bücher und Kalender. Es ist spannend und gefährlich zugleich, durch die zerbombten Häuserblocks zu laufen. Schnell werden wir alles los.

Nach ein paar Tagen fahren wir wieder zurück nach Deutschland. Der Einsatz in Sarajevo bringt mich an die Grenzen meiner psychischen Kräfte. Durch die intensiven Eindrücke wird mir bewusst, wie schrecklich Krieg sein muss. Doch trotz der hohen Gefahr und der wahnsinnigen Anstrengung bin ich froh, diese Erfahrungen machen zu dürfen. Jesus hat mein Leben sehr verändert. Ich drehe mich nicht länger nur um mich, sondern darf Menschen, die in Not sind, helfen und ihnen zeigen, wie sehr Gott sie liebt.

BEATE

Bei einer weiteren Fahrt auf den Balkan lerne ich ein sehr nettes Mädchen kennen. Sie heißt Beate und kommt aus einer gläubigen Familie. Ihre liebe Art fällt mir sofort auf. Sie lacht viel und ist immer gut gelaunt. Vor allem ihre Freundlichkeit zieht mich magisch an. Es dauert nicht lange und ich vergucke mich voll in sie.

Nur gibt es ein fettes Problem: Sie ist Lehrerin, und ich kann Lehrer nicht ausstehen! Weil ich mit meinen Emotionen nicht klarkomme, fange ich an, Beate wie ein kleiner Schuljunge zu ärgern. Das findet sie überhaupt nicht lustig. Irgendwann reicht es ihr. In scharfem Ton meint sie: »Hey, sag mal, spinnst du? Hör auf, mich zu nerven!« Ab da finde ich sie nur noch eingebildet und doof.

Doch später passiert etwas für mich Unerwartetes. Wir machen kurz halt, um uns die Beine zu vertreten. Spontan kommt mir die Idee, ins Auto von Beate und ihrer besten Freundin Christina zu wechseln. »Kann ich bei euch mitfahren?« Und tatsächlich: Die beiden haben nichts dagegen.

Beate und ich fangen an, uns zu unterhalten. Überraschenderweise verstehen wir uns richtig gut. Wir reden, lachen, haben total Spaß. Echt verrückt!

In ihrem alten roten Golf fahren wir die kroatische Küste entlang und lernen uns von Tag zu Tag besser kennen, merken, dass wir voll auf derselben Wellenlänge sind. Und das, obwohl wir beide aus zwei vollkommen verschiedenen Welten kommen. Sie, die gebildete Akademikerin, und ich, der Kleinkriminelle. Das hätte ich nie für möglich gehalten.

Irgendwann reisen wir nur noch zusammen durch den Balkan. Lächelnd schaut sie mich an. Aber immer nur für einen Moment, dann wird sie ganz rot und dreht ihren Kopf weg. Auf der Fahrt erzählt sie mir über ihr Leben, ihre Familie und wie sie in Paraguay unter Indianern gelebt hat. Die Geschichten aus dem Dschungel sind heftig. Dabei drückt sie sich gepflegt aus. Keine Schimpfwörter, keine Kraftausdrücke. Man merkt, sie kommt aus gutem Hause.

Ich erzähle ihr auch aus meinem Leben und wie Jesus mich vor dem sicheren Tod gerettet hat. Beate hört mir sehr aufmerksam zu. Sie ist ziemlich geschockt, als sie meine Storys hört. Zwischendurch zieht sie ihre buschigen Augenbrauen hoch und sagt: »Nein, ehrlich? Nicht dein Ernst!«

Was mich an ihr besonders fasziniert, ist, dass sie trotz meiner kaputten Vergangenheit mir gegenüber nicht abweisend ist, sondern mehr über mich erfahren will. Durch ihr großes Interesse spüre ich, dass sie mich mag. Diese Freundlichkeit, diese Annahme, dieses Gefühl von Sicherheit öffnen mir das Herz, und ich verknalle mich so richtig schlimm in diese leuchtend blauen Augen.

CALLING

Als wir wieder in Deutschland sind, fällt mir der Abschied von ihr unendlich schwer. Es war eine wunderschöne Zeit. Schon nach wenigen Tagen zu Hause merke ich, wie sehr mir Beate fehlt. Ihr Lächeln, ihr Humor, ihre Stimme. Ständig muss ich an sie denken. Das Verlangen, mit ihr zu reden, wird unerträglich. Irgendwann packe ich es nicht mehr und beschließe, sie anzurufen. Aber dieser Anruf kostet mich alle Überwindung der Welt. Mein Puls schlägt bis zum Hals. Ich bin megaaufgeregt, und meine Hände schwitzen. Langsam nehme ich den Hörer ab und wähle die Nummer. *Was, wenn sie mich abblitzen lässt?* Ich schaffe es nicht und lege gleich wieder auf. Die Angst, abgelehnt zu werden, ist zu groß. Tausend Gedanken kreisen in meinem Kopf. Ich bitte Jesus, dass er mir hilft und alles zum Guten führt. Dann nehme ich meinen ganzen Mut zusammen und versuche es noch mal. Es klingelt einmal, zweimal, dreimal.

»Beate Langenberg.«

Als ich ihre Stimme höre, bin ich wie verzaubert. Sie klingt wie Musik in meinen Ohren. Innerhalb von Sekunden kommen alle Erinnerungen wieder hoch. Erst jetzt fällt mir auf, wie sehr ich sie vermisst habe.

»Hi, hier ist Pasquale.«

Und dann sagt sie etwas, das mich fast umhaut.

»Ach, das ist aber schön!«

Das Ganze sagt sie mit einer so herzlichen Art, mit der ich nie im Leben gerechnet hätte. Ich bin überglücklich. Die ganzen Sorgen sind wie weggeblasen, und wir reden und reden und reden. Nach dem Anruf gehe ich auf die Knie und danke Jesus, dass Beate mir keinen Korb verpasst hat.

Ab da telefonieren Beate und ich fast jeden Tag – stundenlang. Gründe dafür finden wir immer. Nie hätte ich gedacht, dass man sich über so viele Dinge unterhalten kann. Doch wenn man jemanden richtig mag, geht das problemlos.

Einmal ruft mich Beate an und sagt: »Pasquale, der Herd ist kaputt. Kannst du den reparieren?«

»Klar, ich bin doch Elektriker. Ich könnte gleich vorbeikommen.«

In Wirklichkeit will ich nur die Chance nutzen, Zeit mit ihr zu verbringen. Als sie mir die Tür öffnet und mich anlächelt, bleibt mir für einen Augenblick die Luft weg. Sie ist so hübsch. Ich strahle sie an und begrüße sie herzlich. Mit Beate möchte ich die Sache langsam angehen. Nicht so wie mit all den anderen Frauen, die ich bis dahin hatte. Sie ist wie eine zarte Blume, und ich möchte ihr Zeit geben, sich freiwillig zu öffnen.

Nach getaner Arbeit sitzen wir noch lange in der Küche, trinken Kaffee und reden. Ich schaue ihr gerne in die Augen. Sie ist total freundlich zu mir. Das tut so gut. Ihr nettes Wesen hat einen richtig positiven Einfluss auf mich. Ich werde auch freundlicher. Wer hätte das für möglich gehalten, dass ich mich eines Tages in eine Lehrerin verliebe! Doch bei Gott ist alles möglich. Er schreibt die verrücktesten Liebesgeschichten, und diese hier gefällt mir besonders.

Besonders beeindruckt mich an Beate, dass sie mit ihrer Mitbewohnerin immer wieder drogensüchtige Frauen bei sich aufnimmt. Einige machen ihren Entzug und schaffen es, ganz frei zu werden. Andere brechen ab, weil ihnen das Ganze zu fromm ist. Sie wird bestohlen, und manche drohen ihr sogar

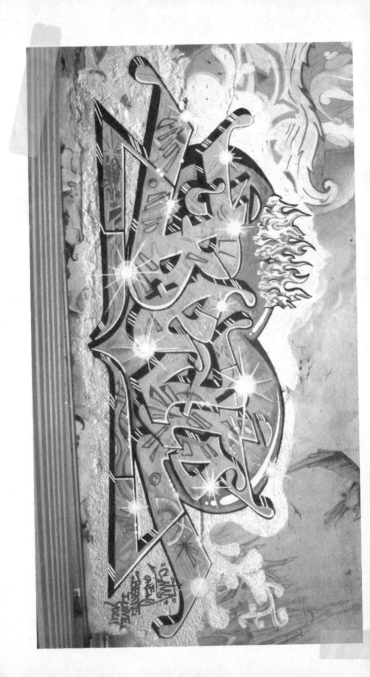

mit Schlägen. Sofort biete ich ihr meinen Schutz an und begleite sie immer nach Hause.

Auch ihre Liebe zu Kindern begeistert mich. Gemeinsam schmieden wir Pläne, Kindern im Flüchtlingsheim zu helfen. Mit ein paar Freunden starten wir bald darauf ein Kinderspielprogramm, was uns sehr viel Spaß macht. Diese Arbeit schweißt uns noch enger zusammen. Wenn die Kinder uns dann neugierig fragen, ob wir verliebt sind, lacht sie kurz auf und wird rot. Ich werde diese Zeit nie vergessen.

REAL LOVE

Irgendwann, als wir wieder mal telefonieren, bekenne ich Beate meine Liebe. »Beate, du bist meine Traumfrau.« Ihr verschlägt es die Sprache. Kein Ton ist mehr zu hören. Dann spricht sie etwas aus, das ich bis dahin von keiner Frau gehört habe: »Und du bist mein Traummann, Pasquale!«

Eines Abends holt mich Beate bei mir zu Hause ab. Wie gewohnt sitzen wir in ihrem roten Golf, fahren durch die Gegend und reden. Als wir halten, nehme ich vorsichtig Beates schöne Hand und stecke ihr einen silbernen Ring auf. Ich schaue ihr fest in die Augen. Als ich sie berühre, bekommt sie Gänsehaut. Sie weiß, jetzt passiert etwas ganz Besonderes.

»Beate, willst du mich heiraten?«

JUST MARRIED

Am 06. Juni 2003 heirate ich meine Traumfrau. Es ist die schönste Hochzeit aller Zeiten. In den nächsten Jahren bekommen wir drei süße, wilde Jungs. Durch sie wurde unser Leben noch spannender, und die Herausforderungen des Alltags scheinen oft kein Ende zu nehmen.

Aber eins kann ich mit Sicherheit sagen: Erst durch Beate ist mein Leben richtig stabil geworden. Sie holt mich aus meinen Krisen heraus und schafft den Ausgleich, der mir fehlt. Wenn ich total entmutigt bin und nicht mehr weiterweiß, hilft sie mir wieder hoch. Beate ist mein wertvollster Schatz. *Still loving you, baby.*

Der zweitgrößte Schatz sind meine Kinder. Mit ihnen versuche ich so viel Zeit wie möglich zu verbringen. Wir spielen, toben, kuscheln, bauen Höhlen, diskutieren, gehen ins Fußballstadion, erleben Abenteuer und lesen in der Bibel. Ich schenke meinen Kindern Aufmerksamkeit, gebe ihnen Bedeutung und mache sie stark für das Leben, weil ich ihre wichtigste Frage beantworten möchte: Ja, du hast es voll drauf. Du bist ein echter Kerl.

Heute weiß ich: Ohne Jesus hätte ich weder Beate kennengelernt, noch hätte ich eine stabile Familie. Das ist Gottes Werk. Alles habe ich Jesus zu verdanken.
Gloria in excelsis deo.

FINALLY

Yeah, du hast es geschafft!

Jetzt kennst du die Geschichte vom Straßenjungen, der auf der Suche nach Anerkennung war – und sie am Ende wirklich gefunden hat.

Ich hätte noch viele Dinge zu erzählen, aber ich hoffe, dass du durch die verschiedenen Berichte aus meinem Leben die eine gute Nachricht verstanden hast:

Gott liebt zerbrochene Menschen, die voll versagt haben. Er will ihnen vergeben und begegnen. Jesus will uns innerlich heilen und befreien.

Das ist die befreiende Botschaft der Bibel. Es ist die beste Botschaft aller Zeiten!

Wenn du Lust hast, kannst du dir auch auf Insta (*fame_unserkampfumanerkennung*) die meisten Bilder in Farbe anschauen und mir auch eine Nachricht hinterlassen.

Ciao,
DEIN PASQUALE

GRAFFITI-LEXIKON

Die Graffiti-Szene hat im Laufe der Jahre ihre eigene Sprache entwickelt. Größtenteils stammen hierbei die Begriffe, die in Deutschland gebraucht werden, aus der amerikanischen Szene.

A

ACTIONFOTOS: Fotos, die während einer illegalen Sprüh-Aktion gemacht werden.

B

BLACK BOOK: Notizbuch für **SKETCHES**, in das häufig auch Fotos eingeklebt werden.

BLOCKBUSTER: Schriftstil, bestehend aus großen, blockartigen Buchstaben.

BOMBING/BOMBEN: Schnelles Besprühen von illegalen Flächen.

BURNER: Besonders gelungenes Graffiti.

C

CAN: Sprühdose.

CAP: Sprühaufsatz.

CHARACTER: Comicartige Figuren in Graffiti-Bildern.

CORNER: Treffpunkt für **WRITER**.

CREW: Zusammenschluss von mehreren **WRITERN**.

CROSSEN: Übersprühen fremder **TAGS** oder Graffitis.

DRIPS: Herunterlaufende, zu dick aufgetragene Farbe.

E

END-2-END (auch *End-to-End* oder *e2e*): Zugbild, das sich über die gesamte Wagenlänge, aber nicht unbedingt über die gesamte Höhe erstreckt.

F

FAME: Ruhm. Fame zu bekommen, ist der Hauptantrieb der meisten **WRITER**. Viel Fame bekommt, wer …
 … besonders riskante Plätze (**SPOTS**) auswählt.
 … besonders viele Graffitis sprüht.
 … einen technisch besonders hochwertigen **STYLE** vorzeigen kann.

FAT CAP: Breiter Sprühaufsatz, für dicke Linien.

FREESTYLE: Graffiti, das ohne Skizze gesprüht wird.

GASER: Schreckschusspistole.

GRAFFITI: Von ital. *Graffito*: »Gekratze«, »Schraffur«.

GROUPIE: Weiblicher Fan, der seine ganze Aufmerksamkeit einem **IDOL** oder Star widmet.

H

HALL OF FAME: Meistens legal besprühbare Flächen, auf denen die **WRITER** vor allem qualitativ hochwertige **PIECES**

anbringen. Sie dienen auch oft als **BATTLE**-Ort und Treffpunkt.

HIP-HOP: Jugendkultur, die aus Rap, DJing, Graffiti und Breakdance besteht.

HIGHLIGHTS: Imitation von Lichtreflexen, um bestimmte Stellen des **PIECE** hervorzuheben.

HOTSPOT: Sehr belebte Stelle, die ein besonders hohes Maß an Aufmerksamkeit hat.

I

IDOL: Großes Vorbild in der Graffiti-Szene.

K

KANNE: Sprühdose.

KINGS ROAD: Wände, an denen nur die besten **WRITER** sprühen dürfen.

KING: Höchste Auszeichnung, die einem Sprüher verliehen werden kann. Man kann in den verschiedenen Bereichen **KING** sein: **KING OF THE LINE**, **KING OF STYLE**, **KING OF ROOFS** oder **KING OF BOMBING**.

L

LINE: Strecke, an der Züge entlangfahren.

LEGENDE: **WRITER**, den jeder kennt und respektiert.

O

OLDSCHOOL: Sprüher, die von Anfang an dabei waren oder es schon sehr lange sind.

OUTLINE: Linie, die dem gesprühten Buchstaben seine letzte und wichtigste Kontur gibt.

P

PIECE: Aufwendiges, meistens mehrfarbiges und großflächiges Graffiti. Häufig wird es aber auch als allgemeine Bezeichnung für ein gesprühtes Bild benutzt.

S

SHINING STARS: Vereinzelte Glanzsterne an Buchstaben.

SILVERPIECE: Bild, das lediglich mit Chromsilber ausgefüllt ist.

SKETCH: Skizzen oder schnelle Ideenmuster auf Papier, z. B. in **BLACK BOOKS**.

SKILLS: Fertigkeiten im Umgang mit Buchstaben und der Dose.

SKINNY CAP: Feiner Sprühaufsatz, für dünne Linien.

SPOT: Ausgewählte Stelle, die zum Malen eines Bildes geeignet ist.

STYLE: Individuelles Gestalten von Buchstaben sowie das Einsetzen bestimmter Stilelemente eines **WRITERS**.

T

TAG: Signaturkürzel, das den Künstlernamen eines **WRITERS** darstellt. Gilt als die Urform des Graffiti. Häufig als »Unterschrift« unter gesprühten Bildern zu finden. Zum Anbringen der **TAGS** werden neben der Sprühdose oft auch wasserfeste Stifte benutzt. Ziel ist es, in einer Stadt, einem Bezirk oder einer Gegend durch seine **TAGS** möglichst präsent zu sein.

TOY: Anfänger oder schlechter **WRITER**.

TOY STREET: Wände, an denen Anfänger oder schlechte **WRITER** sprühen.

THROW UP: Schnell hingesprühtes Bild. Ein-, höchstens zweifarbig, mit einer **OUTLINE**.

WHOLE TRAIN: Komplett besprühter Zug, bestehend aus drei Zugwaggons. **WHOLE TRAINS** finden in der Szene das höchste Ansehen.

WILDSTYLE: Sehr kompliziert aufgebaute Bilder mit wild verschlungenen grafischen Elementen.

WRITER: Graffiti-Sprüher.

WRITERS CORNER: Treffpunkt der Sprüher. Dort wartet man z. B. auf besprühte Züge und zeigt sich gegenseitig **SKETCHES**.

YARD: Depots, in denen (nachts) Züge abgestellt werden.

INHALTSVERZEICHNIS

VORWORT	3
MOOSACH	4
SCHOOL TIME	7
BRANDS	11
HIP-HOP IS COMING	12
PROMISE	15
HOLIDAYS	19
HOMELESS	21
LOVE	22
FIRST PIECE	25
CRASH	26
HALL OF FAME	29
NO NAME, NO FAME	40
ABRIPPEN	41
RIVALS	43
FAST AND FURIOUS	48
FALLING DOWN	51
NAZIS	55
HORRORTRIP	55
METROPOLIS	58
BACK IN TOWN	60
FIRST TRAINS	62
LIMIT	64
NICE TRIPS	68
SCHLECKER	70
R.I.P. CHROMZ	76
CATCHER	77
GAME OVER	80
RUN AWAY	81
NEW GENERATION	83
OPEN DOORS	85
FOLLOWER	87
LIKE A STAR	88
MARIA	90
OLYMP	91
HADES	96
HEROIN	97
LOSING BOXER	99
PSYCHO	103
LOST	105
PEACE	107
ERKAN	109
HAUSKREIS	112
SHOCKING MESSAGE	115
SAVED	118
NEW LIFE	119
IDENTITY	121
BOOKSHOP	123
EXPERIENCE	125
REST	126
CUT OFF	127
RESPONSE	129
MIRACLE	131
HARD WORK	135
HAVE A BREAK	136
U-BAHN ROCKER	138
MERCY ON ME	140
FORGIVEN	145
GET CLOSER	146
RELATIONSHIP	148
THE MESSAGE	149
CLASSROOMS	158
JAILHOUSE	165
MERRY CHRISTMAS	169
SARAJEVO	170
CHECKPOINT	171
BEATE	176
CALLING	178
REAL LOVE	181
JUST MARRIED	182
FINALLY	184
GRAFFITI-LEXIKON	186